# ERSTE SCHRITTE
# SOCIAL MEDIA

## EIN RATGEBER FÜR KLEINE UNTERNEHMEN, HANDWERKER UND FREIBERUFLER

### ALEXANDER SPRICK

Erstauflage, Januar 2014

Covergestaltung, Lektorat und Korrektorat: Alexander Sprick

Fotonachweis:

Titelbild Cover: "Abstract logo about social media, concept vector illustration" (extended license) © madpixblue, www.fotolia.com

Autorenfoto: Evangeline Cooper, www.evangeline-cooper.de

ISBN-13: 978-1495330377

ISBN-10: 1495330370

Herstellung und Druck: Siehe Eindruck auf der letzten Seite

# INHALT

# 1. Einleitung

**M**obil, schnell, flexibel: Die digitale Welt hat viele Vorteile. Sie steht aber auch für gravierende Veränderungen. Während Unternehmen über Jahrzehnte den „Luxus" hatten, selbst entscheiden zu können, was produziert und angeboten wird, hat sich ihre – bislang starke – Position im Web- Zeitalter gewandelt. Deshalb ist für die Führungskräfte der Unternehmen das „Zuhören" so wichtig – insbesondere dann, wenn die relevante Zielgruppe ihre Wünsche und Bedürfnisse äußert.

*Dieses Zuhören bezieht sich nicht nur auf die simple Feststellung, wer über Ihr Unternehmen spricht, sondern insbesondere darauf,*

- *was über Ihr Unternehmen, dessen Produkte und/oder Dienstleistungen geäußert wird,*

- *welche positiven und negativen Faktoren angeführt werden,*

- *welche Inhalte Ihre Zielgruppe bevorzugt,*

- *welche Produkte und Dienstleistungen nachgefragt werden,*

- *auf welchen Plattformen diese Gespräche stattfinden,*

- *wer die eigentlichen Multiplikatoren bezüglich Ihrer Themen sind,*

- *wie Ihre Wettbewerber im Bereich Social Media agieren.*

Während traditionelle Unternehmen noch immer Produkte und/oder Dienstleistungen in der Hoffnung entwickeln, dass letztere bei ihrer relevanten Zielgruppe Gefallen finden, haben moderne Unternehmen ihre Zielgruppe längst in den eigentlichen Gestaltungsprozess integriert.

*Ein Beispiel: Als ehemaliger Prokurist eines Schuhherstellers erinnere ich mich daran, dass die neue Kollektion immer mit großem Aufwand entwickelt wurde: Da wurden sog. Experten hinzugezogen, Trends der kommenden Saison analysiert und Prototypen sowie Muster entwickelt, mit denen die Außendienstler anschließend in die Schuhfachgeschäfte gefahren sind. Am Ende wurden Teile der Kollektion doch nicht gefertigt, da die Endkunden andere Vorstellungen hatten. Dabei wäre es viel sinnvoller gewesen, die Zielgruppe durch Nutzung bestimmter Social-Media- Plattformen direkt in die eigentliche Kollektionsentwicklung einzubinden. So hätte der Schuhhersteller Fehlentwicklungen vorbeugen und einiges an Materialkosten (Leder etc.) einsparen können.* In diesem Zusammenhang wird in der Fachliteratur von „Open Innovation" gesprochen.

Auch das klassische Marketing hat sich verändert. Während Unternehmen bislang in traditionelle Anzeigen- oder Fernsehwerbung investierten, orientieren sich die Konsumenten bei ihren Kaufentscheidungen heutzutage vorrangig an Online- Bewertungen. Dabei vertrauen Menschen den Empfehlungen anderer Menschen. Die bisherige einseitige und statische Kommunikation wurde durch eine vernetzte und kritische Kommunikationskultur ersetzt.

Nun äußert der eine oder andere Unternehmer seine Bedenken, ob es denn überhaupt sinnvoll sei, sich mit diesen „merkwürdigen Menschen da draußen" im Social Web zu verbinden. An dieser Stelle möchte ich Ihnen nur einige wenige Argumente an die Hand geben – ohne eine abschließende Aufzählung vornehmen zu wollen:

- Möglichst breite Streuung Ihrer Unternehmens- und/oder Produkt- Inhalte,

- Erhöhte Kundenbindung,

- Gezielte Ansprache Ihrer Zielgruppe (und zwar über diejenigen Medien, die diese sowieso bereits benutzt),

- Aufbau von Geschäftsbeziehungen, indem mit relevanten Kontakten gezielt interagiert wird,

- Ehrliches „Feedback" zu Ihrem Unternehmen und einzelnen Produkten/ Dienstleistungen,

- Positive Beeinflussung des eigenen Images erreichen, indem die Anzahl an positiven Beurteilungen der eigenen Marke gesteigert wird,

- Mitarbeitergewinnung.

Gerade für kleine und mittelständische Unternehmen mit qualitativ guten Produkten und/oder Dienstleistungen bieten sich ungeahnte Chancen. Während die Öffentlichkeit bislang nur durch große Werbebudgets und unter erheblichen Streuverlusten erreicht werden konnte, genügt nun bereits der Einsatz kleiner Mittel, um überdurchschnittliche Erfolge zu erzielen. Sog. Posts *(Beiträge, die Nutzer auf einer Social- Media- Seite veröffentlichen)* oder Tweets *(Über den Dienst Twitter veröffentlichte Nachrichten – jeweils im Umfang von maximal 140 Zeichen)* erzielen auch ohne hohe Werbeinvestitionen beachtliche Reichweiten, so sie interessante Inhalte aufweisen. Denn durch das „Online"- Engagement und die Vernetzung der Konsumenten untereinander verbreitet sich eine gute Produkt- und/oder Dienstleistungsqualität rasant. Erfährt bspw. der Kunde durch das Unternehmen eine Wertschätzung, so erhält dieses unter Umständen im Gegenzug Kundenwerte in Form von Lob oder Verbesserungsvorschlägen. Diese Interaktionen zu pflegen und „Multiplikatoren" für positive Gespräche über das Unternehmen, dessen Produkte und/oder Dienstleistungen zu gewinnen, ist beim Social- Media- Marketing wichtiger, als der Versand reiner „Push"- Werbebotschaften nach der bisherigen Vorgehensweise. Im Ergebnis kann das Gefälle zwischen Unternehmen mit hohen Marketingbudgets und Unternehmen, die kaum über solche Möglichkeiten verfügen, durch den Einsatz sozialer Medien minimiert werden. Das sollte die Zielgruppe dieses Buches – die kleinen und mittelständischen Unternehmen, die Handwerksbetriebe und die Freiberufler – unbedingt verinnerlichen.

Als Unternehmer sollten Sie bedenken, dass Ihre potenziellen Kunden bereits in den sozialen Medien aktiv sind. So liegt es jetzt an Ihnen, diese potenziellen Kunden tatsächlich anzusprechen. Dabei hat die authentische Kommunikation via Social Media viel mit der Fähigkeit zu tun, sich in Mitmenschen hineinversetzen zu können. Vergessen Sie aber keinesfalls, dass auch tatsächlich ein positiver Effekt für Ihr Unternehmen generiert werden sollte. Das Engagement auf verschiedenen Plattformen ist richtig. Meiner Meinung nach hat es jedoch einen „Mehr"- Wert für Ihr Unternehmen zu erbringen.

Im Rahmen von Social Media spielt der Dialog eine tragende Rolle. Soziale Medien dienen der Vernetzung von Benutzern, deren gegenseitiger Kommunikation sowie dem interaktiven Austausch von Informationen über das Internet. Als „Social Media" werden dabei soziale Netzwerke verstanden, die als Plattformen zum Austausch von Meinungen und Erfahrungen dienen. Das Web 2.0, welches auch als interaktives „Mitmachweb" bezeichnet wird, ist elementar durch derartige soziale Medien geprägt. Die Zusammenarbeit über soziale Medien gewinnt zunehmend an Bedeutung und wandelt mediale Monologe in sozial- mediale Dialoge um.

*Exkurs: Das sog. Web 2.0 führt auch zu gesellschaftlichen Veränderungen. Während in der Soziodemographie oft noch traditionelle Unterscheidungskriterien (Alter, Berufsstand etc.) angesetzt werden, entwickelt sich im Web 2.0 eine neue Art der sozialen Struktur. Nachfolgend eine Kategorisierung nach Interessengruppen:*

- *„Digital Natives" (deutsch: digitale Eingeborene): Personen, die mit digitalen Technologien aufgewachsen sind.*

- *„Digital Immigrants" (deutsch: digitale Einwanderer): Personen, die den Umgang mit digitalen Technologien erst im Erwachsenenalter kennenlernen und die sowohl „offline" als auch „online" sein können.*

- *„Digital Refugees" (deutsch: digitale Flüchtlinge): Personen, die keinerlei Affinität zu den Möglichkeiten der neuen Medien haben (und auch wenig Lernbereitschaft zeigen).*

Social Media sind von den traditionellen und klassischen Massenmedien abzugrenzen. Zu letzteren werden insbesondere Zeitungen und Zeitschriften sowie Film, Fernsehen und Radio gerechnet. Die Hauptfunktion der traditionellen Massenmedien besteht in der Vermittlung von Informationen. Im Regelfall empfängt dabei die Öffentlichkeit Informationen, die von einem Medium ausgesendet werden. Es handelt sich um eine klassische Einweg- bzw. Einbahnstraßen- Kommunikation. Um Veröffentlichungen zu realisieren, müssen in klassischen Massenmedien umfangreiche Ressourcen eingesetzt werden. Im Gegensatz dazu stützen sich Social Media ausschließlich auf sog. digital- basierte Kommunikationskanäle. Hier gibt es keine festen Sender und Empfänger, keine klar artikulierten und vom Medium unterscheidbaren Zuschauer, Zuhörer oder Leser. Social Media bedeuten Dialog. Und so zeichnen sich die sozialen Medien gerade dadurch aus, dass sich erst in ihnen selbst die digitale Öffentlichkeit herausbildet. Soziale Medien dienen dem Austausch – sowohl unter Privatpersonen als auch unter Mitarbeitern. Im Gegensatz zu den klassischen Massenmedien entwickeln soziale Medien erst eine Öffentlichkeit, die durch die partizipative Erstellung von Inhalten und Informationen geprägt ist. Dabei sind die Kommunikationsmöglichkeiten nahezu unbeschränkt. Social Media bedeuten Mehrweg- Kommunikation. Sie weisen – im Vergleich zu den traditionellen Massenmedien – lediglich geringe Eintrittsbarrieren auf, was insbes. darauf zurückzuführen ist, dass die Social- Media- Werkzeuge nahezu für jedermann kostengünstig zugänglich sind. Des Weiteren dauert der

Abstand vom Ereignis zur Publikation bei Massenmedien deutlich länger und ist zeitverzögert, während im Rahmen von Social Media unmittelbare Erlebnisse ohne jeglichen Zeitverzug veröffentlicht werden können. Im Ergebnis ist herauszustellen, dass die Kommunikation via Social Media einem hohen Transparenz- und Echtzeitfaktor unterliegt.

Im Rahmen der unternehmerischen Nutzung von Social Media wird allgemeinhin zwischen

- der unternehmensinternen und

- der externen Nutzung

differenziert.

Da die Schwerpunkte der unternehmensinternen Nutzung – neben der Kommunikation – im Bereich des Wissensmanagements liegen und von diesen Technologien vor allem Großunternehmen mit global verteilten Mitarbeitern profitieren dürften, werde ich mich im Rahmen dieses Buches, dessen Fokus auf kleinen und mittelständischen Unternehmen, Freiberuflern sowie Handwerksbetrieben liegt, auf die Erläuterung der externen Nutzung beschränken.

Bei der unternehmensexternen Nutzung greifen die Unternehmen auf vom eigenen Unternehmen unabhängig betriebene Plattformen zu, um die nachfolgend beschriebenen Zielsetzungen zu erreichen (*Dabei wird das Unternehmen im Regelfall über ein eigenes Unternehmens- „Profil" und evtl. auch durch seine Mitarbeiter repräsentiert):*

- Marketing

  Beim „Social- Media- Marketing" *(ein Begriff aus der Werbeindustrie)* handelt es sich um eine Form des sog. Online-Marketings, unter der die zielgerichtete und marktorientierte Nutzung sozialer Medien für die eigenen Zwecke verstanden wird. Diese Zwecke können darin bestehen, das Image des Unternehmens und/oder seiner Marken sowie seine Kommunikation mit den (potenziellen) Kunden und sog. Multiplikatoren zu verbessern. Um diese Ziele zu erreichen, werden sog. Social- Media- Plattformen genutzt.

11

Die Schwerpunkte der Anstrengungen des Social- Media-Marketings bestehen darin,

- o Aufmerksamkeit für das eigene Unternehmen, die eigene(n) Marke(n), Produkte und/oder Dienstleistungen zu generieren,

- o Online- Unterhaltungen zu erreichen,

- o Nutzer zum Teilen von relevanten Inhalten in deren Netzwerk zu bewegen.

- Monitoring

Beim „Social- Media- Monitoring" werden die sozialen Medien nach Informationen und Nutzerprofilen durchsucht, die für ein Unternehmen relevant sein können. Im Detail handelt es sich um die systematische und kontinuierliche Beobachtung und Analyse von Social- Media- Beiträgen sowie Dialogen in Diskussionsforen, Weblogs etc. Formal wird Social- Media-Monitoring als eine spezielle Form des Web- Monitorings definiert *(Für Details vgl. Kapitel 5)*. Social- Media- Monitoring dient dazu, (Kunden-) Feedback zu erhalten bzw. einen Einblick in Meinungen bzw. Stimmungen aus dem Social Web zu erlangen. Um rechtzeitig aufkommende Problemsituationen erkennen zu können, werden sog. Alerts *(Automatisierte Benachrichtigungen, sobald bspw. Ihr Unternehmen, dessen Geschäftsführer, Ihre Marke, Ihre Produkte, Ihre Werbeslogans – aber auch Mitbewerber oder Branchen – erwähnt werden)* eingesetzt.

- Kundenservice

Eine – insbes. für mittelständische Unternehmen – empfehlenswerte Ergänzung zu dem traditionellen Kundenservice (bspw. per Hotline, Brief) besteht darin, auch via Social Media einen Kundensupport einzurichten.

Verfügt ein Unternehmen bereits über eine Social- Media-Präsenz, so wird es darüber sicherlich auch Kundenanfragen erhalten, deren rasche Beantwortung schlichtweg erwartet wird. Aktuell weichen manche Unternehmen darauf aus, zusätzlich zu den „normalen" Social- Media- Aktivitäten eine gesonderte Service- Präsenz im Social- Media- Bereich aufzubauen, die dann allein von der Serviceabteilung betrieben wird. Ob diese Idee sinnvoll erscheint bzw. wie der Kundenservice in Social-Media- Plattformen integriert werden kann, wird im weiteren Verlauf des Buches bei Erläuterung der einzelnen Plattformen erörtert.

*Praxistipp: Unternehmen sollten auf ihrer Website oder ihren Social- Media- Plattformen zumindest eine „Ideenplattform" einrichten, damit Kunden mitteilen können, worin sie Verbesserungspotenzial sehen. Diese Plattform sollte dergestalt aufgebaut sein, dass das „Feedback" eines Kunden wiederum von anderen Kunden bewertet werden kann. So erhalten Unternehmer signifikante Hinweise zur Optimierung von Produkten und/oder Dienstleistungen. Derartige Hinweise können erhebliche Vorteile gegenüber Mitbewerbern einbringen.*

- Vertrieb

Aktuelle Umfragen zum Einsatz sozialer Medien im Vertriebsbereich ergaben, dass sich vor allem Ankündigungen von Veranstaltungen über soziale Netzwerke besonders effektiv verbreiten.

Darüber hinaus sind Verkäufer dazu in der Lage, über die Netzwerke potenzielle Neukunden zu recherchieren, letztere zu kontaktieren und so Verkaufsgespräche zu terminieren.

Des Weiteren besteht die Möglichkeit, bereits bestehende Kontakte über soziale Medien zu festigen, indem Kunden bspw. fortlaufend informiert werden.

Natürlich können soziale Medien auch zum Direktverkauf eingesetzt werden.

Jüngste Umfragen ergaben zudem, dass Vertriebler – insbesondere im B2B- Bereich – das Business- Netzwerk XING, welches in diesem Buch ebenfalls explizit vorgestellt wird, als eine wichtige Plattform ansehen.

- Human Resources

Hier ist an erster Stelle die Personalgewinnung zu nennen, da Social Media gute Möglichkeiten bieten, sich bei potenziellen Bewerbern bekannt und attraktiv zu machen. Zu bedenken ist dabei insbes., dass die jungen Bewerber – vor allem die bereits weiter oben erwähnten „Digital Natives" – mit den sozialen Netzwerken „groß" geworden und daher sehr aufgeschlossen für eine derartige Ansprache sind.

Vor allem für kleinere und mittelständische Unternehmen, die keine populäre Arbeitgebermarke darstellen, ist es wichtig, sich via Social Media besonders zu engagieren.

Des Weiteren bietet sich für Arbeitgeber die Möglichkeit, Informationen über einen Kandidaten einzuholen, indem in Social- Media- Plattformen recherchiert wird.

Auch besteht für Arbeitgeber die Möglichkeit, mit ihren ehemaligen Mitarbeitern über soziale Netzwerke („Alumni"- Netzwerke) Kontakt zu halten, was insbesondere Beratungsunternehmen schätzen. So finden sich für den deutschsprachigen Raum mehrere solcher Gruppen im Business- Netzwerk XING.

Abschließend bestehen Einsatzmöglichkeiten in der Personalentwicklung oder der Personalbeurteilung.

Soziale Medien gibt es in verschiedenen Ausprägungen *(wobei die nachfolgende Aufzählung keinerlei Anspruch auf Vollständigkeit erhebt):*

- Kommunikation

    o Weblogs *(Kurzform: „Blog"),*

    o Mikroblogging,

    o Soziale Netzwerke,

    o Newsgroups,

    o Foren,

    o Instant Messenger.

*Bei einem Weblog handelt es sich um ein „Internet- Tagebuch", einen individuellen Bereich, in dem sich Internetnutzer (Privatpersonen, Unternehmen, Künstler, etc.) zu Wort melden können.*

*Ein virtuelles Forum dient Menschen dazu, sich dort zu „treffen" und Gedanken, Meinungen und Erfahrungen auszutauschen. Das Forum dient dabei oftmals als Anlaufstelle für eine „eingeschworene" Nutzergemeinde, die das Interesse für ein bestimmtes Thema teilt.*

- Wissensmanagement

  o Wikis,

  o Bewertungsportale,

  o Auskunftsportale.

*Bei Wikis handelt es sich um im World Wide Web veröffentlichte Seiten, die von den Benutzern online modifiziert werden können. Durch dieses System kann gemeinschaftlich an Texten gearbeitet werden. Da in einem Wiki Informationen erfasst, gesammelt und mit anderen geteilt werden, wird letztendlich Wissen geteilt. Eines der bekanntesten Wikis ist die Online-Enzyklopädie Wikipedia.*

- Multimedia

  o Foto-Sharing,

  o Video-Sharing,

  o Podcasts.

*Bei einem Podcast (Kunstwort, zusammengesetzt aus „Pod" für „Play on Demand" und „Cast" von Broadcast) handelt es sich um eine Video- oder Audiodatei, die über das Internet zu beziehen ist.*

- Unterhaltung

  o Online-Spielwelten,

  o Virtuelle Welten.

- Sonstige

  o Social Bookmarks,

  o Social News.

Dieses Buch soll Ihnen die Grundlagen vermitteln, die Sie benötigen, um für Ihr Unternehmen die richtigen Ziele zu setzen, die richtige Auswahl an Plattformen vorzunehmen und Ihre Erfolge effektiv zu messen.

## 2.  Die Social-Media-Strategie: Planung statt Aktionismus

Im vorhergehenden Kapitel haben wir festgestellt, dass Social Media den Unternehmen vielfältige neue Möglichkeiten an die Hand geben. Allerdings erhält auch das „Wort des Kunden" via Social Media Gewicht. Dies erhöht für Unternehmen den Druck zum Mitmachen. Gerade dieser Mitmachdruck kann nun bei einigen Unternehmern dazu führen, aus einem blinden Aktionismus heraus und ohne gründliche Planung und strategische Vorüberlegung(en) in die Social-Media-Aktivitäten einzusteigen. Natürlich muss es nicht zwingend schlecht sein, wenn Unternehmenspräsenzen auf den sozialen Plattformen organisch entstehen. Aber jedem Unternehmer sollte bewusst sein, dass eine zielgerichtete Entwicklung sinnvoller zu erreichen ist, wenn von Beginn an ein Plan vorliegt. Die simple Eröffnung von „Accounts" auf bestimmten sozialen Plattformen stellt jedenfalls keine sinnvolle Strategie dar. Hinzu kommt, dass Social Media eines gewissen Zeitaufwandes bedürfen.

Bevor Sie – auch nur ansatzweise – Social-Media-Aktivitäten aufnehmen, sollte Ihr Unternehmen eine Social-Media-Strategie erarbeiten. Als Ausgangspunkt sind die folgenden Fragestellungen zu beantworten:

- Welche Ihrer Mitarbeiter sind für Social Media zuständig? Wurden bereits Kommunikations- und Entscheidungskompetenzen festgelegt?

- Wie authentisch und glaubwürdig sind Ihre geplanten Kampagnen?

- Welchen Mehrwert bietet Ihr Unternehmen über Social Media?

- Kann Ihr Unternehmen konstruktiv mit Kritik umgehen?

Wie bereits ausgeführt, sollte der Ausgangspunkt Ihrer Überlegungen nicht die einzelne Plattform (wie bspw. Facebook, Twitter oder Pinterest) sein. Ausgangspunkt Ihrer Überlegungen sollten stattdessen Ihre Ziele und die Bestimmung der jeweiligen Zielgruppen sein. Nicht die Plattform an sich spielt die Hauptrolle, sondern die zielgerichtete Auswahl der Gruppe an Menschen, die erreicht werden soll. Wenn Sie von Ihren Zielen – anstatt von etwaigen Plattformen – ausgehen, werden

Sie dazu in der Lage sein, Social Media effektiv in das kommunikative Portfolio Ihres Unternehmens zu integrieren.

Nochmals: Meiner Meinung nach entscheidet die eigentliche Social-Media- Strategie über den Erfolg oder das Scheitern des Social- Media-Marketings für das eigene Unternehmen. Nur mit der richtigen Strategie können Twitter, Blogs, Facebook und andere Plattformen erfolgreich eingesetzt werden.

Bedenken Sie bitte, dass die Social- Media- Strategie eines Unternehmens von Beginn an so ausgerichtet werden sollte, dass sie sowohl für die interne als auch für die externe Kommunikation Relevanz besitzt. Zunächst sollten Sie verinnerlichen, das über Ihr Unternehmen gesprochen wird – und zwar unabhängig davon, ob Sie im Bereich Social Media aktiv sind oder nicht. Ich empfehle Ihnen deshalb, sich an diesen Gesprächen zu beteiligen ... Gestalten Sie dazu die sehr viel offenere Kommunikation, die das Web 2.0 mit sich bringt, möglichst vorteilhaft aus. Letztendlich geht es um die Kommunikation der Menschen außerhalb Ihres Unternehmens mit den Menschen innerhalb Ihres Unternehmens, namentlich Ihren Mitarbeitern. Diese Kommunikation sollte in beide Richtungen sinnvoll und möglichst positiv gestaltet werden, um den erhofften Mehrwert zu generieren. *Am Rande: Im Umkehrschluss bedeutet dies, dass nicht gepflegte oder gar verwaiste Social- Media- Unternehmensprofile ein „No- Go" darstellen. (Potenzielle) Kunden, die keine umgehende Antwort auf ihre in den Social- Media- Plattformen des Unternehmens gestellten Fragen bekommen, sind in hohem Maße verärgert.*

Des Weiteren ist bei der Ausarbeitung der effektiven Social- Media-Strategie zu berücksichtigen, dass bei verschiedenen Geschäftsmodellen die grundlegenden Fragestellungen durchaus jeweils anders zu beantworten sind. So verfolgen beispielsweise Online-Händler andere Ziele als Markenhersteller, die wiederum andere Ziele haben als Dienstleister.

Wo sollte nun der Social- Media- Bereich innerhalb eines Unternehmens angesiedelt sein? Während bei größeren Unternehmen – je nach übergeordneter Zielsetzung und der eigentlich Social- Media- Strategie – auch untergeordnete Abteilungen eingebunden werden können, empfehle ich der Zielgruppe dieses Buches – den kleinen und mittelständischen Unternehmen – eine Ansiedlung bei der Geschäftsführung vorzunehmen. Zusätzlich können professionelle Mitarbeiter hinzugezogen werden, wobei immer zu bedenken ist, dass jeder Beitrag auf das Unternehmen zurückfällt und Fehler im Web nahezu unmöglich auszuradieren sind.

Nachfolgend möchte ich Ihnen einige Anregungen geben, wie ein Social-Media- Konzept sinnvoll aufgebaut werden könnte und welche Gesichtspunkte meiner Meinung nach in einen strategischen Plan einzubeziehen sind.

1. Analyse der Ausgangssituation

    Betrachtung der Unternehmensumwelt dahingehend, ob bzw. inwieweit das eigene Unternehmen bereits im Social Web wahrgenommen wird. Wo bzw. auf welchen Plattformen werden bereits Marken und/oder Produkte des eigenen Unternehmens „online" diskutiert? Welche Stärken und Schwächen prägen die bisherige Kommunikation des Unternehmens (auch außerhalb des Social Webs)? Sie sollten all das, was Ihr Unternehmen bereits im Bereich Public Relations und Marketing kommuniziert, in diese Analyse einbeziehen. Wenn irgend möglich, sollten Sie den Kreis der an Ihrer Social- Media- Runde aktiv Beteiligten weitreichend und abteilungsübergreifend festlegen. So birgt die Social- Media- Strategie im Regelfall auch für die Personalabteilung attraktive Chancen, vor allem in den Bereichen Recruiting und Mitarbeiterzufriedenheit.

    Daneben sollten auch die Social- Media- Aktivitäten der Konkurrenz beobachtet werden.

    Auch ein sog. Kunden- Monitoring sollte vorgenommen werden, um festzustellen, auf welchen Social- Media- Plattformen sich die eigene Zielgruppe bewegt und in welcher Qualität diese Zielgruppe über das Unternehmen spricht. Dabei erfordert ein erfolgreicher Einsatz von Social Media eine konsequente Zielgruppenorientierung. Insbesondere sind die sozialen Fähigkeiten der Zielgruppe festzustellen. Letztere kann dabei wie folgt nach Nutzertypen klassifiziert werden:

    - Kreatoren (Verfasser von Blogs, Artikeln etc.). *Kreatoren erkennt man an ihrem Tablet und Smartphone sowie daran, dass sie 24 Stunden am Tag online sind.*

- Kenner (Verfasser von Produkt-/ Dienstleistungs-Bewertungen und Beiträgen bspw. in Foren und Wikis). *Sie sind gut vernetzt, kennen sich aus und geben gerne ihre – auch kritischen – Erfahrungen weiter.*

- Sammler (Sammler sind oftmals auf der Suche nach kostenlosen Angeboten, z.B. „RSS-Feeds" *[Exkurs: „RSS-Feed": Wenn Sie auf einer Website interessante Inhalte entdecken und über Neuigkeiten zu diesem Thema informiert werden möchten, so müssen Sie diese Seite nicht ständig neu aufrufen, insofern der Seitenbetreiber die sog. RSS- Technologie anbietet. In diesem Fall können Sie einen kostenlosen RSS- Feed abonnieren. Mit einem speziellen Programm, z.B. dem sog. RSS- Reader, erhalten Sie bei Neuigkeiten die einzelnen Themen- RSS. Der Vorteil besteht darin, dass Sie nicht eine Vielzahl an interessanten Websites selbst beobachten müssen]*).

- Mitmacher (*Unterhalten eigene soziale Profile und pflegen Freundschaften und Kontakte*).

- Zuschauer (Leser und/oder Konsument von Videos). *Zuschauern begegnet man sehr häufig im klassischen Einzelhandel. Sie haben sich im Internet über Preise informiert und verhandeln nun beim örtlichen Einzelhändler Nachlässe.*

- Untätige *(Besitzen einen Computer, gehen aber fast nie ins Internet – wenn, dann insbes. zum E-Mails abrufen).*

- Gleichgültige (Keinerlei Beteiligung an Aktivitäten, *bspw. werden E-Mails von der Sekretärin ausgedruckt, da kein eigener Computer angeschafft wurde).*

Letztendlich ist entscheidend, ob die Zielgruppe durch Social Media überhaupt erreichbar ist. So dürfte den o.g. „Gleichgültigen" durch Social- Media- Marketing nur schwerlich beizukommen sein. Daneben ist von Interesse, in welchem Umfang sich die Zielgruppe aktiv im Bereich Social Media engagiert. Kann bspw. die Zielgruppe des eigenen Unternehmens vordringlich den „Zuschauern" zugeordnet werden, so sollten Social- Media- Plattformen vor allem Informationen bereitstellen.

Die Identifikation der Zielgruppe impliziert also die passende Ansprache dieser Kunden. Möchten Sie mit Ihrem Unternehmen eine B2B- Zielgruppe erreichen, so werden Sie diese Zielgruppe sehr formal ansprechen (z.b. „Siezen"). Eine jugendliche B2C-Zielgruppe möchte hingegen im Social Web (oftmals) „geduzt" werden. Erstere Zielgruppe bevorzugt vorrangig hochwertige Inhalte, während der letzteren Zielgruppe durchaus Unterhaltsames präsentiert werden kann.

2. Definition der Social- Media- Marketingziele

Die Social- Media- Marketingziele sind grundsätzlich in das hierarchische Zielsystem des eigenen Unternehmens mit den

- Unternehmenszielen

- Marketingzielen

- Social- Media- Marketingzielen

einzuordnen. Dabei beeinflusst das hierarchisch höhere Ziel maßgeblich die hierarchisch niedrigeren Zielsetzungen. *Die Herausarbeitung von Kernbotschaften Ihres Unternehmens bzw. Ihrer Marke(n) setze ich hier voraus, da letztere bereits vor Social Media im Unternehmen verankert sein sollten.*

Da Social- Media- Marketingziele nur schwierig Umsatz- oder Erfolgsgrößen zugeordnet werden können, empfiehlt es sich, vorrangig auf die psychologische Wirkung, die bei der Zielgruppe erreicht werden soll, abzustellen. Zu den aktiven Kommunikationszielen zählen dabei:

- Kognitive Ziele: Erkenntnis bzw. Wahrnehmung,

- Affektive Ziele: Emotionales Erleben, Bildung von positiven Gefühlen,

- Konative Ziele: Versuch einer Verhaltensbeeinflussung.

Natürlich gibt es auch passive Kommunikationsziele, bei denen die Informationsgewinnung im Vordergrund steht.

Bei der Frage, worin denn nun sinnvolle Social- Media- Ziele eines Unternehmens liegen, ist zunächst zu unterscheiden, was Social- Media- Ziele sein können und was nicht. Die Erreichung einer bestimmten Anzahl von „Fans" für ein Facebook-Unternehmensprofil kann m. E. zwar als Mittel zum Erreichen von Zielen gesehen werden, dabei sollte es sich jedoch nicht um eines der formulierten Social- Media- Ziele handeln. Nachfolgend eine Aufzählung möglicher Ziele, die stattdessen (sinnvollerweise) im Rahmen einer Social- Media- Strategie angestrebt werden könnten:

- Veränderung von Einschätzungen in der Öffentlichkeit bzw. positive Veränderung der öffentlichen Meinung zu Ihrem Unternehmen und dessen Produkten *(inklusive Steigerung der Kundenbindung).*

- Ergänzung Ihrer klassischen Medienarbeit.

- Lobbying und Corporate- bzw. Public Affairs durch Social Media flankieren.

- Reputation Ihres Unternehmens schützen.

- Aufbau eines Netzwerks von einflussreichen Personen („Multiplikatoren"), die dem Unternehmen positiv gegenüberstehen. *Ein wichtiger Part Ihrer Recherchen im Web besteht darin, solche „Meinungsmacher" zu identifizieren. Finden Sie heraus, wer zwar über Ihre Branche berichtet, Ihr Unternehmen oder dessen Produkte aber noch gar nicht erwähnt hat. Legen Sie Kontaktlisten dieser Personen und deren Plattform(en) an.*

- Aufbau, Pflege und Nutzung von Public Relations.

- Kundennahe Kommunikation.

- Etablierung eines (Online-) Kundendienstes.

- Steigerung des Bekanntheitsgrads (der eigenen Marke) in bestimmten Zielgruppen.

- Erreichung konkret definierter Marketingziele.

- Generierung zusätzliche Kundenkontakte bzw. Akquise neuer Kunden.

- Steigerung der Umsätze und/oder der Abverkäufe.

- Aufbau und Pflege eines positiven Markenimages *(„Der eigenen Marke ein Gesicht geben")*.

- Markt-Beobachtungen *(Trends erkennen)*.

- Kreatives Potenzial für neue Produkte, Dienstleistungen und/oder Prozesse schöpfen.

- Verbesserung der Suchmaschinenergebnisse.

- Interaktion in Social- Media- Formaten.

- Stärkung der Arbeitgebermarke.

- Begeisterung potenzieller Mitarbeiter für das eigene Unternehmen.

- Erhöhung der Mitarbeiterzufriedenheit.

- Motivation der eigenen Mitarbeiter.

- „Personal-Branding" für Experten im Unternehmen betreiben.

- Verbesserung der internen Kommunikation.

Diese Auflistung kann natürlich nicht vollständig sein. Sie ist als Anregung für eigene Überlegungen gedacht.

Aus meiner Sicht ist es empfehlenswert, die vorgenannten Social- Media- Marketingziele operational zu definieren, d.h. mit messbaren Kennziffern zu unterlegen, um dadurch einen potenziellen Fortschritt identifizieren zu können (Stichwort: Späteres „Monitoring").

Dazu ein Beispiel: Oben wurde als Zielbeschreibung die „Steigerung des Bekanntheitsgrads (der eigenen Marke) in bestimmten Zielgruppen" ausgegeben. Ist nun der aktuelle Bekanntheitsgrad (als Ausgangsbasis) ermittelt

(Voraussetzung!), so könnte ein Teilziel darin bestehen, diesen Bekanntheitsgrad innerhalb eines gewissen Zeitraumes um einen bestimmten Prozentsatz zu erhöhen (von „x" Prozent auf „y" Prozent).

Wenn Sie die Social- Media- Marketingziele, die Zielgruppen und die Wünsche und Bedürfnisse der einzelnen Abteilungen Ihres Unternehmens zusammengetragen haben, so sollten Sie nicht nur übereinstimmende Ziele, sondern auch Zielkonflikte identifizieren. Sie werden dabei feststellen, dass bei den Zielen Prioritäten gesetzt werden müssen und dass diese Zielkonflikte auszuräumen sind. Insbesondere sind die Kosten dem Nutzen, d.h. der Zielerreichung, gegenüberzustellen, um letztendlich die Wirtschaftlichkeit eines Engagements gewährleisten zu können.

3. Strategieoptionen

Im Rahmen der Strategieentwicklung ist nun in einem weiteren Schritt festzulegen, auf welchem Weg das Unternehmen die unter 2. genannten Ziele erreichen soll. Dabei können auch sog. Teilstrategien zur Anwendung kommen.

Nachfolgend ein Überblick über die strategischen Optionen:

- Beobachten und Zuhören

  Bei dieser Strategieoption verhält sich das Unternehmen passiv, indem es die Gespräche im Social Web lediglich beobachtet. Dies betrifft bspw. Bewertungen in Verbraucherportalen. Das Unternehmen gewinnt so bspw. wertvolle Hinweise im Hinblick auf Produktverbesserungen.

- Beobachten, Zuhören und Unterstützen

  Über die vorgenannte Strategieoption hinaus verlässt das Unternehmen hier gelegentlich sein „Schneckenhäuschen" und begibt sich aus der reinen Beobachterrolle heraus, um sich gelegentlich an Gesprächen zu beteiligen.

- Informationsbasis, Anlaufstelle und Kontaktpunkt

  Das Unternehmen ist präsent. Es bietet dem Kunden Anlaufstellen für die Kontaktaufnahme und zur Informationsgewinnung. Offizielle Marken- und Produktinformationen werden im Social Web bereitgestellt. Der gegenseitige Informationsaustausch und das Bestreben, den Kunden ernst zu nehmen und dadurch die Kundenbindung zu stärken, stehen im Vordergrund.

- Proaktiver Dialog

  Hier erstellt das Unternehmen eigene (positive) Inhalte und versucht, Nutzer proaktiv anzusprechen bzw. zu emotionalisieren, um so eine zügige Weiterverbreitung durch die Mithilfe der Nutzer zu erreichen. Auch können die Nutzer gebeten werden, ihre Bereitschaft zur geplanten Einführung neuer Produkte abzugeben. Das genannte Vorgehen dient jedoch weniger der Informationsvermittlung als vielmehr der Produktvorstellung.

- Markenbegeisterung durch Kundenintegration

  Hier ergreift das Unternehmen gezielte Maßnahmen, um ein gesteigertes Engagement und die Integration der Nutzer mit dem Ziel zu erreichen, Markenbegeisterung bzw. Markenvertrauen auszulösen. Dies wird bspw. durch konkrete Abstimmungen über Produktentwicklungen verwirklicht. Ferner sollen Markenbotschafter gewonnen werden, die ihre positiven Erfahrungen in ihren Blogs etc. weiter verbreiten.

Die Strategie gibt letztendlich an, wie die Ziele erreicht werden sollen. Maßnahmen bestehen aus Beschreibungen davon, womit die Ziele erreicht werden sollen.

4. Auswahl der geeigneten Social- Media- Plattform(en)

   Sind die vorgenannten Schritte überwunden, so gilt es – in Abhängigkeit von Zielgruppe, Zielsetzung und Strategie – herauszuarbeiten, welche Social- Media- Plattform(en) dazu geeignet erscheinen, um die Unternehmensziele zu erreichen.

Dabei bieten Web und Social Media realistische Möglichkeiten zur synchronen Kommunikation ohne direkten Kontakt.

Für die Auswahl der Plattform(en) sind letztendlich die Bedürfnisse und Gewohnheiten der Unternehmens- Zielgruppen entscheidend. So dürfte ein Facebook-Auftritt im B2C- Bereich zumeist sinnvoll sein. Doch kann ein Unternehmen bei Facebook auch im B2B- Bereich wichtige Firmenkunden erreichen?

Im Detail umfassen Social Media eine ganze Reihe von Plattformen, bspw. Blogs, soziale Netzwerke oder Media-Sharing- Plattformen. Da die verschiedenen Plattformen bzw. Technologien bereits in Kapital 1 kurz genannt und in den folgenden Kapiteln ausführlich vorgestellt werden, seien an dieser Stelle nur einige Beispiele genannt:

So dürften neben Facebook vor allem Plattformen wie Twitter, Pinterest, YouTube oder aber Karrierenetzwerke wie XING von Bedeutung sein. Die Auswahl der Plattform richtet sich vor allem nach der Zielgruppe. So sind Karrierenetzwerke bspw. für Personalberater geeignet, um potenzielle Kandidaten zu entdecken, Facebook und YouTube vereinen oftmals junge Menschen. Auf Twitter begegnet man einem professionellen Publikum, das überwiegend auf Wissenstransfer aus ist und Pinterest ist für Design- und Werbeagenturen nutzbringend, da sich hier „Kreative" aufhalten.

In der Praxis dürfte ein kombinierter Einsatz verschiedener Social- Media- Plattformen der Regelfall einer erfolgreichen Kampagne sein. So könnte bspw. ein Blog die eigentliche Content- Quelle *(Content = Informationsinhalte in Medien oder IT-Systemen)* darstellen, ein Tweet als Kurzhinweis dienen, bei Facebook eine kurze Zusammenfassung mit Einladung zur Diskussion gegeben werden und bei Pinterest visuelle Elemente hinzugefügt werden. Im Ergebnis wird dadurch Reichweite *(„Content Seeding")* erreicht, was auch das Suchmaschinen-Ranking verbessern kann.

Natürlich ist in diesem Zusammenhang darauf hinzuweisen, dass nur der Einsatz solcher Social- Media- Plattformen, in denen die ins Auge gefasste Zielgruppe auch tatsächlich aktiv ist, zum Erreichen der Social- Media- Marketingziele beitragen kann.

Zwischenfazit: Die bislang erfolgten Ausführungen verdeutlichen, dass das eigene Unternehmen aus einer Vielzahl von Optionen hinsichtlich der Zielbestimmung, der Strategie- sowie der Plattformauswahl wählen kann. Deshalb ist die Auswahl von Zielen, Strategien und Plattformen mit Sorgfalt vorzunehmen.

5. Content: Auswahl der geeigneten Themen bzw. Themenschwerpunkte

Nachdem die vorhergehenden Fragestellungen nach den Social- Media- Marketingzielen, der Zielgruppe und den Strategieoptionen beantwortet ist und nachdem auch die geeignete(n) Social- Media- Plattform(en) identifiziert ist/sind, stellt sich die Frage nach den eigentlichen Themen bzw. den Inhalten, die via Social Media kommuniziert werden sollen. Dabei ist zu beachten, dass sich das Unternehmen möglichst dicht am eigenen Produkt bzw. der angebotenen Dienstleistung bewegt, dass es sich andererseits jedoch auch auf die Bedürfnisse der Zielgruppe einrichtet. Wichtig ist, dass die kommunikativen Botschaften nicht „von außen" aufgesetzt wirken, sondern „von innen heraus" entwickelt werden. Dabei müssen die eigentlichen Inhalte den Nutzern durch ihren Informationsgehalt oder durch einen gewissen Unterhaltungsfaktor Mehrwert bieten.

*Exkurs: Was sind eigentlich „gute" Inhalte im Sinne des Webs? Hier sollten Sie zunächst bedenken, dass sich Ihre Texte nicht nur an Ihre Mitmenschen richten. Die Texte sollten vielmehr auch für Suchmaschinen geeignet sein und entsprechende „Keywords" beinhalten. Zum Start Ihrer Recherche empfehle ich Ihnen, die Inhalte und Themen von Wettbewerbern, Blogs, Interviews und anderen Unternehmens- Websites zu lesen, um sich einen Überblick zu verschaffen. Sodann sollten Sie sich die Frage stellen, welche Texte Sie selbst gerne lesen und was Sie gegenüber Ihren vorgenannten Fundstellen im Web besser machen würden. Sie sollten auch häufig gestellte Kundenanfragen und Kommentare in Ihre Texte aufnehmen. Hat Ihr Unternehmen eine Auszeichnung erhalten, wurden Ihre Produkte ausgezeichnet oder haben Ihre Auszubildenden herausragende Prüfungsergebnisse erzielt? Berichten Sie in Ihren Texten auch über solche Erfolgsgeschichten.*

Elementar wichtig ist zudem, sich über vorhandene Alleinstellungsmerkmale der eigenen Marke(n), Produkte oder Dienstleistungen Gedanken zu machen. Hier geht es um die Abgrenzung bzw. Unterscheidung von den Konkurrenten bzw. deren Produkten und/oder Dienstleistungen. Deshalb sind die inhaltlichen Unterschiede der eigenen Produkte bzw. Dienstleistungen explizit herauszuarbeiten.

Gerade zum Start erster Social- Media- Aktivitäten ist es wichtig, dass regelmäßig neue Inhalte „produziert" und an die Zielgruppe verteilt werden. Deshalb sollten Sie unbedingt Ihre potenziellen Beiträge im Rahmen einer vorausschauenden Themenplanung aufstellen. So ist gewährleistet, dass immer wieder neue Beiträge „generiert" werden und der Social- Media- Auftritt nicht etwa verwaist. Mögliche Themenvorschläge könnten beispielsweise

- Blog-Beiträge,

- Studien,

- Fachartikel,

- Medienberichte,

- E-Books,

- Bilder,

- Videos

sein.

Insbesondere der Strategieprozess sollte meiner Meinung nach in der Erstellung eines sog. Strategiedokuments münden, das von der Geschäftsleitung verabschiedet wird.

In ein solches – schriftlich ausgearbeitetes – Dokument sollten die folgenden Punkte aufgenommen werden:

- Hierarchisch übergeordneter Zweck, der erreicht werden soll,

- Ziele, die dem Erreichen des übergeordneten Zwecks dienen (auch Priorisierung),

- Zur Zielerreichung zu ergreifende organisatorische Maßnahmen,

- Strategieoptionen, die das Unternehmen einzusetzen beabsichtigt,

- Festlegung der Abteilungen und Personen, die im Namen des Unternehmens im Social Web aktiv werden (inklusive Festlegung der Entscheidungskompetenzen),

- Redaktionelle Abläufe und Prozesse,

- Tonart, die das Unternehmen im Social Web anschlägt,

- Erfolgsdokumentation,

- Prozesse und Zuständigkeiten im (kommunikativen) Krisenfall.

6. Erfolgskontrolle und Monitoring

Das abschließende Element einer jeden Strategie-Implementierung ist die sog. Kontrolle. Mit diesem Thema setzen wir uns im fünften Kapitel dieses Buches detailliert auseinander.

Im ersten Absatz dieses Kapitels hatte ich Sie bereits auf den Zeitaufwand hingewiesen, den Social Media bzw. Social Networking im Unternehmen beanspruchen kann. Insbesondere die Zielgruppe dieses Ratgebers, nämlich die kleinen bis mittelgroßen Unternehmen, die Handwerksbetriebe und die Freiberufler sollten sich von Vornherein darüber im Klaren sein, dass für eine durchdachte Social- Media-Strategie eine realistische Zeitplanung unabdingbar ist.

Erstellen Sie deshalb im Hinblick auf die einzelnen Ziele und betroffenen Abteilungen und Mitarbeiter einen detaillierten Zeitplan. Bedenken Sie, dass es Ihr Unternehmen überfordern würde, Social Media und Social Networking sofort quer über alle Prozesse und unternehmerischen Ziele einzuführen. Verschwenden Sie bitte keine Zeit (und Ressourcen), indem Sie sich auf Plattformen engagieren, auf denen Ihre eigentliche Zielgruppe gar nicht aktiv ist.

Bedenken Sie bitte, dass auch die organischen Suchergebnisse einschlägiger Suchmaschinen oder aber die lokale Suche über Online-Branchenbücher etc. Ihr Unternehmen bereits „online" repräsentieren. Investieren Sie deshalb nicht sämtliche Ressourcen in den Social- Media-Bereich. Denken Sie vor allem auch an Ihr eigentliches „Grundgeschäft"!

# 3. Social Media und das eigene Unternehmen

## 3.1 Einführung

Üblicherweise wird viel Zeitaufwand für den Aufbau und die Pflege der eigenen Social- Media- Plattformen verwendet. Dabei stellt sich mir immer wieder die Frage, wie die erstellten Inhalte auch über die „Fans", „Freunde" und „Follower" der jeweiligen Plattform hinaus genutzt werden können.

Da für Social- Media- Plattformen vorrangig visuelle Inhalte (z.B. Videos, Fotos) erstellt werden, sind diese Inhalte auch zu den Menschen, die nicht auf den jeweiligen Plattformen aktiv sind, zu transportieren.

Dies kann zum einen dadurch erreicht werden, indem die Inhalte auf der Unternehmens- Website integriert werden. Zum anderen, indem die Inhalte auch effektiv in „Offline"- Medien genutzt werden.

## 3.2 Die professionelle Unternehmens-Website als Hafen

Oftmals scheint gerade kleineren Unternehmen und Handwerksbetrieben die Wichtigkeit einer professionellen und marketingorientierten Unternehmens- Website noch immer nicht bewusst zu sein. Dabei gilt: Wer heutzutage über keinen professionellen Web- Auftritt verfügt, wer seinen Web- Auftritt nicht pflegt bzw. aktualisiert oder wer von Vornherein überhaupt nicht gefunden wird, der kann auch keine Neukunden gewinnen bzw. verliert eventuell sogar bestehende Kunden, die ein derartig „merkwürdiges" Unternehmen meiden. Ihre Unternehmens- Website ist Ihre „Visitenkarte" im Web, sie ist Ihr „Schaufenster". Und ein unattraktives Schaufenster schreckt potenzielle Kunden ab.

Deshalb sollten Sie in Ihrem Unternehmen die folgenden Fehler vermeiden:

- Erstellung der Unternehmens- Website durch „Bekannte" oder „Freizeit- Bastler". Erfahrungsgemäß führt dies bereits bei der Erstellung oftmals zu erheblichen zeitlichen Verzögerungen. Was passiert jedoch, wenn die Website fertiggestellt und „online" ist und der „Bekannte" später plötzlich erkrankt?

- Erstellung Ihrer Website durch Webdesign- Agenturen, die sehr spezielle Software- Programme einsetzen. Dies führt dazu, dass das Unternehmen von der Agentur abhängig wird, da bereits kleinste Änderungen oder Ankündigungen aktueller Ereignisse nicht selbst in die (eigene!) Website eingepflegt werden können. Im schlimmsten Fall hat das Unternehmen für jede Änderung Honorar zu bezahlen. Deshalb gilt: Arbeiten Sie mit Agenturen, die Mitarbeitern Ihres Unternehmens ermöglichen, selbst Änderungen an Ihrer Website vorzunehmen. *Im Idealfall sollte dies wie folgt ablaufen: Nach Fertigstellung Ihrer Website durch die Agentur erhalten Sie Ihre persönlichen Zugangsdaten, mit denen Sie sich jederzeit auf Ihrer Website einloggen können. Anschließend wählen Sie die entsprechende Inhaltsseite aus, die Sie gern verändern möchten und klicken auf einen Button, der „Bearbeiten" (oder ähnlich) heißt. Nun sollte sich ein Editor öffnen, über den Sie – wie in einem Textverarbeitungsprogramm – Ihre Änderungen bzw. Aktualisierungen eingeben können. Wenn Sie Ihre Eingaben fertiggestellt haben, drücken Sie den*

*„Speichern"- Button (oder ähnlich) und loggen sich wieder aus. Die Änderungen sollten idealerweise sofort „online" auf Ihrer Website erscheinen.*

- Ihre Unternehmens- Website stellt ein Marketing- Instrument dar, welches Ihrer Firma Umsatz und Kunden bringen soll. Keinesfalls darf Ihre Website zu einem „Kunstwerk" Ihrer Agentur werden, die dort umfangreiche Effekte, Animationen etc. platziert, welche letztendlich zu Lasten der Ladezeit Ihrer Website gehen. Dies führt zu hohen Absprungraten Ihrer Besucher. Achten Sie deshalb darauf,

  o dass Ihre Website einfach zu bedienen ist,

  o Ihre Menüsteuerung übersichtlich ist,

  o Effekte, Bilder etc. wirkungsvoll eingesetzt werden,

  o Informationen übersichtlich vermittelt werden,

  o „Verlinkungen" tatsächlich funktionieren.

- Ihre Website darf nicht nur statische Inhalte liefern. Vielmehr sollten Sie Ihren Lesern die Möglichkeit bieten, Kommentare zu hinterlassen oder einzelne Beiträge in sozialen Netzwerken zu „markieren". Ihre Zielgruppe sollte die Möglichkeit haben, sich mit Ihrem Unternehmen schnell und unkompliziert zu verbinden.

- Eine Website benötigt einen Serverplatz, der von einem sog. Hosting- Anbieter zur Verfügung gestellt wird. Bei einer professionellen Website ist nun insbesondere sicherzustellen, dass der Ausfall eines Servers nicht zur Folge hat, dass Ihre Website gar nicht mehr erreichbar ist. (Potenzielle) Kunden müssen Ihre Unternehmens- Website durchgehend erreichen können. Dies gilt umso mehr, wenn Sie einen Online- Shop betreiben. Aus diesem Grunde ist es eine der obersten Prämissen, dass ein Webhoster gewählt wird, der in seinem Rechenzentrum eine redundante Infrastruktur bereitstellt. Auf etwaige Störungen muss zeitnah reagiert werden, was dadurch erreicht wird, dass der Anbieter mit einem sog. Network- Monitoring für eine permanente Überwachung sorgt. So sollten sog. Failover- Programme dafür sorgen, dass umgehend ein weiterer Server einspringt, wenn der Hauptserver versagt. Durch Einsatz der sog. Load- Balancing- Technologie sollte die Last an Anfragen gleichmäßig auf mehrere Server verteilt werden. Sensible Daten (z.B. Bankverbindungen der Kunden bei einem Onlineshop) sind absolut sicher zu speichern und verschlüsselt per SSL zu übertragen. Des Weiteren ist der Schutz vor eventuellen Datenverlusten zu gewährleisten. Mehrfach redundante Datenbackups sollten regelmäßig erfolgen und zusätzlich extern gesichert werden. Backup-Bänder sind physisch an mehreren verschiedenen Orten zu lagern, um im Brandfall einen Totalverlust auszuschließen.

Weiter oben habe ich den Ausdruck „Schaufenster" verwendet. Ihre Unternehmens- Website ist jedoch wesentlich mehr als ein reines Schaufenster. Sie ist ein Marketing- Instrument – ein Mittel zur Interaktion mit Ihren (potenziellen) Kunden.

Im Rahmen Ihrer Social- Media- Aktivitäten ist Ihre Unternehmens- Website der Hafen – der „verlinkte" Ort – zu dem Ihre Social- Media- Aktivitäten die Besucher hinführen sollen.

Bieten Sie auf Ihrer Website (und dort bereits auf der Startseite) z.B. einen Gratis- Newsletter oder Gratis- Report zu Ihrem Fachgebiet an. Durch das Eintragen (sog. Registrierung) der Interessenten für den Newsletter erhalten Sie deren E-Mail- Adressen. *Praxistipp: Über den Eintrag sollten die Interessenten auch gleich formal ihre Einverständniserklärung zur Aufnahme in den Verteiler erklären.* Sprechen Sie in den weiteren Newslettern Ihre Kunden namentlich an – auch im Textteil Ihres Newsletters. Beachten Sie aber bitte folgendes: Trennen Sie strikt Informations- von Verkaufsnewslettern. *Meine Empfehlung: Verschicken Sie Ihre Informations- Newsletter regelmäßig. Zwischen den Informations- Newslettern platzieren Sie dann den einen oder anderen Verkaufs- Newsletter.*

Stellen Sie sicher, dass Anfragen, die Sie – bspw. über ein Kontaktformular auf Ihrer Website – erhalten haben, zeitnah und nicht erst nach einem Tag von Ihrem Unternehmen beantwortet werden. Übernehmen Sie – automatisiert – Adress-Daten in eine Datenbank *(natürlich nur, wenn Sie Ihre Kunden vorab auf Ihrer Website darüber in Kenntnis gesetzt haben).* Kommt es in einem Online- Shop nicht sofort zu einem Kauf, so fassen Sie bitte – automatisiert und personalisiert – nach. Verwenden Sie dazu sog. FollowUp- Newsletter.

Abschließend: Nutzen Sie auf Ihrer Website die Möglichkeiten, die Ihnen die moderne Technik bietet. So haben Statistiken ergeben, dass bspw. ein Video auf Ihrer Unternehmens- Website sowohl die Klickraten als auch den Aufmerksamkeitsgrad signifikant erhöht.

Nachfolgend einige praxisbezogene Ideen, wie Sie Ihre Kunden durch *(und für)* Ihre Website begeistern:

- Als Restaurant- Betreiber stellen Sie bitte auf Ihrer Website Ihre aktuelle Speisekarte „online". Potenzielle Restaurantbesucher möchten vor dem eigentlichen Besuch in Ihrem Angebot stöbern, sich über Zutaten und Inhaltsstoffe Ihrer Speisen informieren.

- Regelmäßiges Newsletter- Angebot eines Restaurants (bspw. zu Wochen- oder Saisongerichten, Sonderaktionen), aufgewertet durch Hintergrundinformationen zu den jeweiligen Gerichten und deren geschichtlicher Entstehung,

- Stellen Sie auf den Gästetischen Ihres Restaurants kleine Kärtchen auf, in die die Gäste ihre E-Mail- Adresse für den Newsletter eintragen können. Belohnen Sie die Gäste durch ein Gratis- Getränk für die Eintragung.

- Regelmäßiges Newsletter- Angebot eines Friseur- Salons, welches bspw. Geburtstagsgutscheine beinhaltet. Gehen Sie in Ihren Newslettern auch auf inhaltliche Themen wie z.B. Fitness oder Kosmetik ein.

- Legen Sie in Ihrem Salon Kärtchen aus, in die die Gäste ihre E-Mail- Adresse für den Newsletter eintragen können. Belohnen Sie die Gäste durch ein kleines Geschenk für die Eintragung.

- Video eines Handwerksbetriebes *(bspw. „Zeitraffer" einer vollständigen Fassadensanierung)*, das auf der Unternehmens- Website platziert wird. *Vgl. dazu meine Ausführungen in Kapitel 4.8 („Video- Sharing: YouTube").*

Wenn Sie als Freiberufler, Handwerker oder mittelständischer Unternehmer eine ausdrucksstarke eigene Website erstellen wollen, so sollten Sie sich das Produkt der Firma Jimdo aus Hamburg unter http://de.jimdo.com näher anschauen, welches ich Ihnen nachfolgend detaillierter vorstellen möchte. Vereinfacht gesagt handelt es sich um einen Homepage- Baukasten, bei dem es die benötigten Hosting-Leistungen wie Domain, Webspace und E-Mail „im Paket" dazugibt.

Nach meinen Erfahrungen handelt es sich bei dem Jimdo- Baukasten um ein Tool, mit dem man sehr schnell zurechtkommt, ohne tiefgründiges technisches Verständnis mitbringen zu müssen. Einfache Business- Sites (ob mit oder ohne Shop) können damit rasch erstellt werden, was insbesondere der Zielgruppe dieses Buches entgegenkommen dürfte.

Warum empfehle ich den Jimdo-Baukasten *(ohne für diese Empfehlung in irgendeiner Form bezahlt zu werden)?*

- Jimdo gibt Ihnen die Möglichkeit, Änderungen und Aktualisierungen an Ihrer Website jederzeit selbst vorzunehmen. So sind Sie nicht auf externe Dritte, bspw. eine Agentur, angewiesen, die eventuell erst in einigen Tagen die gewünschten Modifikationen vornehmen. Dies ist insbes. für Unternehmen wichtig, die auf Ihrer Website Inhalte mit hohem Aktualitätsbezug platzieren, z.B. Stellenangebote. Oder für Shop- Betreiber, die bestimmte Produkte einstellen und – z.B. bei Kollektionswechsel – wieder aus dem Shop herausnehmen möchten.

- Der Baukasten ist sehr umfangreich an Funktionen und Designs, die ein Unternehmen im Normalfall gar nicht vollumfänglich verwenden wird.

- Jimdo legt viel Wert auf Benutzerfreundlichkeit und Schnelligkeit.

- Mir sind einige Webdesign- Agenturen bekannt, die ebenfalls den Jimdo- Baukasten zur Erstellung von Websites für deren Unternehmenskunden einsetzen.

Für Geschäftskunden kommen bei Jimdo zwei Bezahltarife in Betracht, da der Gratis-Tarif aufgrund von Werbeeinblendungen für Unternehmen nicht geeignet ist. Der JimdoPro-Tarif kostet (Stand: Januar 2014) brutto 60,00 EUR im Jahr und eignet sich meines Erachtens insbesondere für

Freiberufler, Freelancer etc. Der JimdoBusiness- Tarif kostet brutto 180,00 EUR im Jahr und empfiehlt sich für mittelgroße Unternehmen sowie Online- Shops.

JimdoPro beinhaltet (Stand: Januar 2014):

- Eine eigene seriöse Internet- Adresse (Domain), bspw. in der Form www.steuerberater-name.de

- Fünf GB Speicherplatz, die bspw. für Dateien und Bilder auf der Website zur Verfügung stehen

- Eine eigene E-Mail- Adresse (Z.B.: info@name.de). Je nach Bedarf können weitere E-Mail- Adressen gekauft werden

- Drei E-Mail- Weiterleitungen

- Sogenannte „Pro"- Designs

- Shop für maximal 15 Produkte

- Werbefreiheit

- Detaillierte Statistiken zur Analyse des Verhaltens der Besucher und der Ausrichtung für Suchmaschinen

JimdoBusiness beinhaltet (Stand: Januar 2014):

- Zwei eigene seriöse Internet- Adressen (Domains)

- Unbegrenzten Speicherplatz, der bspw. für Dateien und Bilder auf der Website zur Verfügung steht

- Zwanzig E-Mail- Adressen

- Unlimitierte E-Mail- Weiterleitungen

- Sogenannte „Business"- Designs

- Shop mit einer unbegrenzten Anzahl an Produkten und Gutschein-Funktion

- Werbefreiheit

- Detaillierte Statistiken zur Analyse des Verhaltens der Besucher und der Ausrichtung für Suchmaschinen

- SEO Profi-Funktion "Robot Meta Tags", mit der die Suchmaschinenoptimierung noch gezielter ausgerichtet werden kann.

Beide Tarife beinhalten (Stand: Januar 2014):

- Passwortschutz

- Möglichkeit, Flash- Filme und HTML5- Videos einzubinden

- Einbau von externen Widgets (z.B. Kalender, Besucherzähler, Uhr) möglich

- Integration von RSS- Feeds

- Möglichkeit, Besuchern Dateidownloads anzubieten

- Beliebig viele Bildergalerien anlegen

- Schnittstellen zu externen Dienstleistern, z.B. YouTube

- Einbau eines Gästebuches (inklusive Captcha)

- Blog- Modul

- Unlimitierter Datentransfer inklusive

- Eigenes Logo in das Titelbild laden

- Eigenes Newsletter- System (für reine Textnachrichten)

- Anmelde- Link für Besucher unsichtbar ausblenden.

Hinsichtlich der Suchmaschinen- Optimierung (SEO) ist zu ergänzen, dass ab dem JimdoPro- Tarif Seitentitel, Meta-Tags, Description, Image-Alt- Tags frei editierbar sind. Im Business Tarif können zusätzlich bestimmte Einzelseiten für Suchmaschinen ausgeschlossen werden.

*Exkurs: Die Suchmaschine Google hat deshalb Anhänger, da ihre Suchergebnisse eine durchgängig hohe Qualität aufweisen. Zur Generierung dieser hochwertigen Suchergebnisse spielt das sog. PageRank- Verfahren, welches nachfolgend kurz angesprochen wird, eine Rolle. Mithilfe des sog. PageRank- Algorithmus gewichtet Google die indizierten Websites und entscheidet so, welchen Platz die jeweilige Seite in den Suchergebnissen erhält. Der PageRank wird als Zahl zwischen 0 und 10 ausgegeben, wobei 10 die Bestnote darstellt. Den PageRank Ihrer eigenen Unternehmens- Website können Sie kostenlos (Stand: Januar 2014) unter http://www.pagerank.comlex.de prüfen.*

*Ein PageRank wird für eine Seite berechnet, indem hauptsächlich*

- *die Anzahl der Websites, die auf diese Seite verweisen,*

- *der PageRank der verweisenden Seiten*

*betrachtet werden.*

*Ohne Details nennen zu wollen (und können), sind die folgenden Kriterien (wahrscheinlich) für ein gutes PageRank- Ergebnis und somit für eine überdurchschnittliche Platzierung in den Suchergebnissen mitverantwortlich:*

- *Gute Einleitung: Inhalt und Schlüsselbegriffe,*

- *Passende Haupt- und Zwischenüberschriften,*

- *Der eigentliche Inhalt.*

*Das PageRank- Verfahren sollte nicht mit der sog. Linkpopularität verwechselt werden, zumal deren Bedeutung abgenommen hat.*

*Zu bedenken ist, dass der PageRank keinen Beitrag zur qualitativen Messung von Websites liefert.*

Auch Google Analytics ist bei Jimdo standardmäßig integriert und liefert detaillierte Statistiken. Entsprechend den deutschen Datenschutzvorschriften werden die IP- Adressen *(Eine IP- Adresse wird als eindeutiges Identifikationsmerkmal Geräten zugewiesen, um diese im Internet adressierbar zu machen)* anonymisiert übertragen.

Insbesondere die Auswahl und Flexibilität der Designvorlagen („Templates") ist bei Jimdo überzeugend. Fortgeschrittene Nutzer haben zudem die Möglichkeit, sich per HTML und CSS ein individuelles Template zu erstellen.

Für Smartphones gibt es eine mobile Ansicht der Website.

Als Kritikpunkt ist insbesondere die (mangelnde) Tiefe der Navigation anzuführen. So sind Seiten bis in die dritte Ebene möglich. Eine oder zwei zusätzliche Ebenen würden meines Erachtens nicht schaden.

*Praxistipp: Da Jimdo über keine Vorschau-Funktion verfügt und alle abgespeicherten Veränderungen direkt „online" gestellt werden, empfiehlt es sich, zusätzlich zu der professionellen Website im Gratis-Tarif eine inhaltslose „Dummy"- Website zu betreiben, auf der man die Auswirkung von Änderungen im Vorfeld ausprobieren sollte.*

Gleich welchen Dienstleister Sie mit der Erstellung Ihrer Unternehmens-Website beauftragen, besteht ein wichtiger Aspekt, der Ihre Website und Ihren Online- Shop betrifft, in der sogenannten Impressumspflicht. Letztere sollten Sie auf keinen Fall vernachlässigen, da Verstöße gegen die Impressumspflicht rigoros abgemahnt werden.

So müssen Betreiber von Websites bestimmte gesetzlich vorgeschriebene Angaben zum Anbieter der Seiten „online" stellen. Diese Pflicht zur Anbieterkennzeichnung ergibt sich aus § 5 Telemediengesetz (TMG) und § 55 des Staatsvertrags über Rundfunk und Telemedien (RStV). Hintergrund der Impressumspflicht ist, dass die Nutzer der Seite wissen sollen, wer die Website eigentlich betreibt. Zudem hat eine ladungsfähige Anschrift angegeben zu werden, damit eventuelle rechtliche Ansprüche gegen einen Seitenbetreiber gerichtlich durchgesetzt werden können.

*Praxistipp: Meiner Meinung nach sollte keine Unternehmens- oder Social- Media- Seite veröffentlicht werden, die nicht bereits vollumfänglich die korrekten Angaben enthält. D.h. bitte zunächst das Impressum einarbeiten und erst danach Ihre Präsenz „online" stellen.*

Da von meiner Seite an dieser Stelle keine Rechtsberatung gegeben werden soll/darf, empfehle ich Ihnen, sich auf www.e-recht24.de und www.kanzlei-siebert.de zu informieren. Dort erläutert der u.a. auf Internetrecht spezialisierte Rechtsanwalt Sören Siebert kompetent, praxisnah und verständlich, wer ein Impressum benötigt und wie es formal ausgestaltet werden sollte. Herr Rechtsanwalt Sören Siebert und Herr Diplom-Wirtschaftsinformatiker Karsten Fernkorn haben zudem unter www.e-recht24.de/impressum-generator.html einen sog. Impressum- Generator entwickelt, bei dem Sie selbst in wenigen Minuten anonym Ihr kostenloses (Stand: Januar 2014) individuelles Impressum entwickeln können. Dabei werden insbesondere verschiedene Unternehmens- Rechtsformen sowie Website- Arten berücksichtigt. Sog.

Disclaimer sind bspw. für Facebook, Google Plus, Google Analytics oder Bildnachweise eingearbeitet.

Neben dem Impressum ist auch das Thema Datenschutz zu beachten. So legt das Telemediengesetz dem Seitenbetreiber in § 13 TMG umfangreiche Pflichten auf. § 13 TMG besagt unter anderem, dass der Seitenbetreiber „... Nutzer zu Beginn des Nutzungsvorgangs über Art, Umfang und Zwecke der Erhebung und Verwendung personenbezogener Daten sowie über die Verarbeitung seiner Daten ... zu unterrichten (hat)." Außerdem ist der Nutzer darüber aufzuklären, dass er die Möglichkeit hat, eine einmal erteilte Einwilligung zur Nutzung seiner Daten jederzeit zu widerrufen.

Ein zusätzliches Risiko stellen Social- Media- „Plug- Ins" *(beispielsweise von Facebook)* dar.

An dieser Stelle empfehle ich Ihnen, sich den Datenschutz-Generator, den Herr Rechtsanwalt Thomas Schwenke auf seiner Website www.rechtsanwalt-schwenke.de bzw. www.datenschutz-generator.de bereitstellt, anzusehen. Herr Rechtsanwalt Thomas Schwenke hat sich u.a. auf das Social- Media- Marketing sowie das Urheber- und Markenrecht spezialisiert. Zusätzlich ist er zertifizierter Datenschutzbeauftragter. Bei Verwendung des Datenschutz- Generators wird durch Beantwortung vorgegebener Fragen automatisch eine Datenschutzerklärung für Sie erstellt.

Der Link zur Datenschutzerklärung sollte auf Ihrer Unternehmens-Website – ebenso wie der zum Impressum – einfach erkennbar und schnell erreichbar sein.

Abschließend sei auf die sog. „Datenschutz- Wiki" des Bundesbeauftragten für den Datenschutz und die Informationsfreiheit verwiesen. Unter www.bfdi.bund.de/bfdi_wiki/index.php/Website findet sich zu den Themen Impressumspflicht, Datenschutz und Urheberrecht eine übersichtliche Zusammenstellung.

## 3.3 Integration von Social Media in die eigene Website

A n dieser Stelle soll eine erste Einführung dahingehend gegeben werden, wie und ob die Inhalte, die Ihr Unternehmen bei Twitter, Facebook etc. pflegt, auch über die jeweilige Plattform hinaus Verwendung finden. Dabei soll die Verzahnung der eigenen Unternehmens- Website mit den entsprechenden Social- Media- Portalen im Vordergrund stehen.

Dazu zunächst zwei Ausgangsüberlegungen:

1. Wenn Sie lediglich über eine „Mini"- Website mit drei oder vier Menüpunkten verfügen, so macht es aus meiner Sicht keinen Sinn, an allen Ecken und Enden dieser Website (bspw. bei einem Kontaktformular) Buttons von Social- Media- Plattformen zu integrieren.

   Verfügen Sie jedoch über eine kleine Website, die zum Beispiel ein sehr hilfreiches PDF- Dokument zum Download anbietet, dann sollten Sie an dieser Stelle auch einen „Gefällt mir!"- Button von Facebook o.ä. platzieren (*vgl. meinen Hinweis zur Verwendung von „Buttons" unter 2.*).

   Merke: In einem ersten Schritt sollten Sie sich Ihre Unternehmens- Website dahingehend anschauen, ob wertvolle Inhalte und/oder sinnvolle Tipps vorhanden sind. Nur in wirklich interessante Seiten Ihrer Präsenz integrieren Sie dann Social- Media- Buttons. Hier ist weniger mehr! Auch die Integration der Social- Media- Buttons von in Deutschland kaum genutzten Plattformen erscheint wenig sinnvoll.

2. Falls ich als Interessent eine Unternehmens- Website besuche, so klicke ich dort ungern auf Buttons, bei denen ich keinen Hinweis darauf habe, was mich dahinter erwartet. Aus diesem Grunde ist es wichtig, dass schon die Benennung einer Verlinkung mein Interesse weckt bzw. die Verlinkung für mich relevant ist.

   *Praxistipp: Sie haben Twitter auf Ihrer Website integriert? Dann verwenden Sie als Überschrift der Twitter-Beiträge nicht „Twitter", sondern bspw. „Aktuelles" oder „Newsticker" (wie auch ich es auf meiner eigenen Website handhabe). Statt "Blog" schreiben Sie bspw. "Blick hinter die Kulissen". Eine Pinterest-*

*Bilderkollektion überschreiben Sie natürlich nicht mit „Pinterest". Welcher Durchschnittsnutzer erkennt, was sich dahinter verbirgt? Nennen Sie die Kollektion stattdessen "Fotos" und jeder Besucher Ihrer Website wird wissen, was ihn erwartet.*

Fazit: Wenn Sie Ihre Social- Media- Aktivitäten in Ihre Website integrieren (wollen), so verwenden Sie bitte allenfalls eindeutige „Logo"- Buttons. Bedenken Sie, dass Durchschnittsnutzer oftmals nicht den Mehrwert erkennen, der sich hinter derartigen Buttons verbirgt.

Ausgehend von diesen beiden Ausgangsüberlegungen sollten Sie Social Media bewusst und nicht etwa wahllos einsetzen.

Im nächsten Schritt empfehle ich Ihnen, auf Ihrer Website zu kommunizieren, dass Sie auf bestimmten Plattformen (z.B. Facebook) zu finden sind. Neuerdings entdecke ich immer öfter gelungene Ansätze, bei denen dazu sog. Widgets *(kleine, grafische Hilfsprogramme)* in der sog. Sidebar *(Randfenster)* eingebunden werden. Beachten Sie dabei jedoch, dass alles gut lesbar bleiben muss und keine „Überdeckungen" auftreten sollten.

Sie können den Besuchern Ihrer Website also durch derartige Hinweise mitteilen, dass es interessante *(und vor allem aktuelle)* Inhalte auf Ihren Social- Media- Plattformen gibt. Somit dient Ihre Website nicht nur als „Hafen", sondern auch als Hinweisträger zu diesen anderen Quellen.

Nun sind Sie bereits im Social Web aktiv und möchten alle Ihre Publikations- Plattformen sinnvoll miteinander verknüpfen? Eine Möglichkeit, Social- Media- Präsenzen (zusammengeführt) auf Unternehmens- Websites zu integrieren, bietet der Dienst „RebelMouse". RebelMouse *(https://www.rebelmouse.com)* ist ein sog. News-Aggregator, der Beiträge aus mehreren Social- Media- Plattformen in Form einer dynamischen Homepage anzeigt. Der eigentliche Vorteil für unsere Zwecke besteht darin, dass RebelMouse über einen sog. Inlineframe auf einer Unternehmens- Website integriert werden kann. *Bei einem Inlineframe (iFrame) handelt es sich um ein HTML-Element, das dazu benutzt wird, um andere Webinhalte als selbstständige Dokumente in einem Rahmen darzustellen.* Im Ergebnis werden sämtliche Beiträge auf einer einzigen Seite – nämlich Ihrer Unternehmens- Website – dargestellt.

Wenn Sie nur einzelne Social- Media- Plattformen einbinden wollen, so können Sie auf RebelMouse verzichten.

Die Einbindung von YouTube- Videos ist eine der am häufigsten verwendeten Funktionen. Ohne an dieser Stelle auf Details eingehen zu wollen *(siehe dazu bitte Kapitel 4.8)*, kann ein YouTube- Video über „Teilen" und „Einbetten" sowie „Kopieren" und „Einfügen" des eingeblendeten Codes in die eigene Website eingebettet werden.

Facebook- und Twitter- Beiträge sollten idealerweise über entsprechende Facebook- bzw. Twitter- Plug- Ins in die Unternehmens- Website integriert werden. Hier bietet sich beispielsweise die Rubrik „Aktuelles" Ihrer Website an.

Im Kapitel 3.2 habe ich Ihnen den Homepage-Baukasten der Firma „Jimdo" vorgestellt. Auf Websites, die mit Jimdo erstellt wurden, können Facebook, Twitter & Co. einfach über sog. Elemente integriert werden. Da Websites von Jimdo im Grunde aus vielen Elementen bestehen, kann nun einfach ein neues Element (z.B. das sog. Facebook- Element, welches Jimdo bereits anbietet) hinzugefügt werden.

Abschließend: Bitte beachten Sie auch hier das Urheberrecht. Es dürfen nur Inhalte (z.B. Videos, Fotos) auf Ihren Seiten verwendet werden, an denen Sie auch die Nutzungsrechte haben. Idealerweise sollten Sie nur Ihre eigenen Inhalte verwenden.

## 3.4 Integration von Social Media in „Offline"-Medien

Neben der Nutzung der Social- Media- Inhalte u.a. auf der Unternehmens- Website stellt sich für den Unternehmer die Frage, wie die „Online"- Medien auch im Rahmen von „Offline"- Aktivitäten (und umgekehrt) genutzt werden können. Zu bedenken ist dabei, dass sich im Internet die gleichen Leute bewegen, wie im realen Leben. Kombinieren Sie deshalb Ihr „Online"- und „Offline"- Marketing. Nachfolgend einige Ideen, wie diese Verbindung in der Praxis (in beide Richtungen) ausgestaltet werden könnte.

- Auf einer Unternehmens- Veranstaltung bzw. einem Seminar Ihres Unternehmens könnte eine „Twitterwall" platziert werden. *Bei der sog. Twitterwall („Zwitscherwand") handelt es sich um eine monitorähnliche Projektion, bei der Kurznachrichten der Mikroblogging-Anwendung Twitter eingespielt werden.* Dabei wird die Twitterwall parallel zu der laufenden Veranstaltung eingeblendet. So können über die Twitterwall bspw. Verständnisfragen gestellt oder Anregungen gegeben werden, auf die wiederum andere Teilnehmer eingehen können. Letztendlich ist durch den Einsatz der Twitterwall die Partizipation nicht nur auf die anwesenden Teilnehmer einer Veranstaltung beschränkt, es können vielmehr Teilnehmer aus dem gesamten Web mitdiskutieren, was den Verlauf einer Veranstaltung beeinflussen und erheblichen Mehrwert generieren kann. *Meines Erachtens sollten Sie jedoch dahingehend Obacht geben, dass die Twitterwall die eigentliche Veranstaltung nicht durch unpassende Nachrichten stört.*

- Ihr Unternehmen bzw. Ihr Handwerksbetrieb verwendet in Broschüren oder Flyern „QR"- Codes, die per Smartphone abfotografiert bzw. eingelesen werden können. *Bei dem sog. QR-Code (Quick Response, „schnelle Antwort") handelt es sich um einen zweidimensionalen Code.* Durch Einsatz dieses Mittels kann von einer gedruckten Broschüre auf ein YouTube- Video verwiesen werden. Dadurch ist bspw. ein Maschinenbau-Unternehmen in der Lage, eine Maschine per Video vorführen. Im Ergebnis wird beim Interessenten eine Wirkung erzeugt, die die reine Broschüre niemals erreicht hätte. Weiteres Bsp.: Ein Dachdecker bietet zunächst per Flyer umliegenden Haushalten seine Dienstleistung an. Die Interessenten werden über den

„QR"- Code des Flyers zu einem Video geleitet, dass diesen Dachdecker im „Zeitraffer" bei der Arbeit zeigt. Eine solche Handhabung kann auf weitere Tätigkeiten übertragen werden (z.B. Arbeitsgänge zur Fertigung eines Schuhs in einer Schuhfabrik).

- Falls Ihr Unternehmen Firmenfahrzeuge im Einsatz hat, so sollten Sie mit entsprechenden Aufklebern auf Ihre Unternehmens- Website oder Ihre Social- Media- Plattformen verweisen. So nutzen Sie einen klassischen Werbeansatz, um auf Ihre „Online"- Präsenzen aufmerksam zu machen.

- Wenn Sie Multiplikatoren – bspw. Journalisten, die in einer Fachzeitschrift „offline" über Ihr Unternehmen berichten – kennengelernt haben, so sollten Sie diesen Kontakt über das Business- Netzwerk XING vertiefen.

- Ein Schuh- oder Bekleidungshersteller plant seine kommende Kollektion. Der Hersteller befragt dazu zunächst „online" seine relevante Facebook- Zielgruppe, welche Prototypen an Schuhen oder Shirts besonders gut ankämen. Nur diese Modelle werden anschließend tatsächlich gefertigt, was mehrere positive Effekte – z.B. eine effiziente Materialbeschaffung – zur Folge hat.

- Ein Reiseblogger war bspw. in einer Ferienregion unterwegs und hat nach dem Besuch einen gelungenen Beitrag in seinem „Online"- Blog verfasst. Hier sollte der Tourismusverband dieser Ferienregion den Blogger dahingehend ansprechen, ob Teile des Beitrages nicht auch für eine Print- Broschüre genutzt werden dürfen.

# 4. Social-Media-Plattformen

## 4.1 Einführung

Im ersten Kapitel dieses Buches hatte ich Ihnen erläutert, dass es soziale Medien in verschiedenen Ausprägungen gibt. Um nun die richtige(n) bzw. relevanten Plattform(en) für Ihr individuelles Social- Media- Marketing auszuwählen, sollten Sie bei Ihren Social-Media- Marketingzielen und Ihrer Strategie ansetzen (siehe Kapitel 2). Nachdem Sie diese strategischen Überlegungen abgeschlossen haben, bieten sich Ihnen eine Vielzahl an Plattformen, um Ihre Strategie in die Tat umzusetzen.

Zu Beginn sei angemerkt, dass es zwischen den verschiedenen Social-Networking- Plattformen große Unterschiede hinsichtlich ihres Funktionsumfanges und ihres Zwecks gibt – aber auch einige Gemeinsamkeiten. So weisen die meisten Plattformen in irgendeiner Form Profil- bzw. Mitgliederseiten auf.

Bei der Auswahl an Plattformen, die ich in diesem Buch vorstellen möchte, habe ich bewusst kein „Ranking" erstellt, sondern mich an der Reihenfolge aus Kapitel 1 orientiert *(die ich lediglich marginal modifiziert habe)*.

Bedenken Sie bitte, dass im Web 2.0 vieles „im Fluss" ist. Deshalb gilt: Wenn Sie dieses Buch lesen, können sich die Plattformen oder deren Nutzerstrukturen bereits verändert haben. Dies gilt in besonderem Maße für die jeweilige Benutzer- Oberfläche. *Aus diesem Grunde gebe ich in diesem Buch keine Schritt- für- Schritt- Anleitungen bspw. zum Einrichten eines Kontos. Aus meinen zahlreichen Lehrveranstaltungen an Bildungseinrichtungen habe ich gelernt, dass das eigentliche Anlegen von Konten etc. für die Teilnehmer im Normalfall unproblematisch ist.*

Bei der Nutzung der von Ihnen ausgewählten Plattform(en) beachten Sie bitte unbedingt die folgenden Regeln zur „Netiquette":

- Betrachten Sie Social Media als verlängerten Arm Ihrer bisherigen Unternehmens- und Marketingaktivitäten. Seien Sie deshalb genauso umgänglich und hilfsbereit wie in Ihrem „normalen" Geschäftsgebaren.

- Jede Social- Media- Plattform weist – sei es formal oder intuitiv – eine „virtuelle Hausordnung" mit bestimmten Regeln und Eigenheiten auf, die unbedingt eingehalten werden sollten. Die Missachtung dieser „Spielregeln" kann bspw. zu negativen Kommentaren führen und dürfte Ihre Social- Media-Marketingziele gefährden. Machen Sie sich deshalb in einem ersten Schritt mit der jeweiligen Plattform und deren Nutzerstruktur vertraut. Hören Sie zu, verstehen Sie und probieren Sie zunächst ein klein wenig aus!

- Beachten Sie, dass Ihre Beiträge und Kommentare relevant für die Plattform und deren Zielgruppe sein sollten. *Schlagen Sie deshalb einen Tonfall an, der für Ihre Zielgruppe angemessen ist.* Schweifen Sie nicht vom Thema ab. Hat Ihnen bspw. jemand einen themenfremden Beitrag geschrieben, so beantworten Sie diesen Beitrag nicht.

- Vermeiden Sie jedwede Form des „Spammings"! Da es sich bei derartigen Plattformen zunächst einmal um „Communities" mit echten Menschen und deren Interessen und Bedürfnissen handelt, sollten Sie nicht durchgehend lediglich Marketingbotschaften aussenden. Gehen Sie vielmehr davon aus, dass die Nutzer Unterhaltung und Information schätzen. Deshalb: Nehmen Sie nicht nur, sondern geben Sie auch. Interagieren Sie!

- Falls die jeweilige Plattform es erlaubt, verwenden Sie am Ende Ihrer Beiträge eine Signatur, die einen Link zu Ihrer Website beinhaltet. *U.a. aus diesem Grunde ist eine aussagekräftige Unternehmens- Website so wichtig (siehe Kapitel 3.2).* Richten Sie sich Ihre Signatur einmalig zu Beginn Ihrer Aktivitäten ein, so dass sie Ihren Beiträgen ggf. automatisch hinzugefügt wird. *Leider haben in der Vergangenheit viele „Spammer" versucht, durch derartige Link- Platzierungen die Position ihrer Website innerhalb der Suchergebnisse bei Suchmaschinen zu verbessern, was dazu geführt hat, dass auf mehreren Plattformen zu derartigen Links automatisch ein sog. "Nofollow"- Attribut hinzugefügt wurde.*

- Wenn Sie sich mit Ihrem Unternehmen auf mehreren Plattformen bewegen, so vermeiden Sie bitte, dieselbe Nachricht monoton über alle Plattformen zu platzieren. Variieren Sie stattdessen!

- Bedenken Sie bitte, dass die Nutzer derartiger Plattformen durchaus einmal das eine oder andere Thema ansprechen, das sie nicht im persönlichen Gespräch anschneiden würden. Auch kann die Wortwahl manchmal unangemessen sein. Nehmen Sie solche Kommentare nicht persönlich und reagieren Sie moderat. Aber antworten Sie bitte umgehend! Kommentare bedeuten Dialog und dieser Dialog ist gerade eines der Ziele Ihrer Social- Media-Aktivitäten. Natürlich dürfen Sie gerne sachlich widersprechen, Sie sollten dies jedoch respektvoll tun.

*Exkurs: Kommunikation im Internet*

*Die Kommunikation über das Internet verläuft sehr schnell. Und sie läuft anders ab als bei einem persönlichen Gespräch von Angesicht zu Angesicht.*

*Bei der direkten Kommunikation können Sie auf Gestik und Mimik Ihres Gegenübers reagieren. Bei einem Telefonat kann insbes. die Stimmlage als Indikator für die Stimmung Ihres Gesprächspartners gewertet werden.*

*Da die Kommunikation über das Web rein virtuell erfolgt, ist es notwendig, auf jegliche Form der Kritik angepasst zu reagieren. Die Chance auf ein erfolgversprechendes Marketing liegt im Web in der Kommunikation „mit vielen auf einmal" begründet. Insbesondere aufgrund der (vermeintlichen) Anonymität kann die Hemmschwelle derjenigen, die unzufrieden sind, gering sein. Deshalb stellt der sensible Umgang mit Kritik eine Grundvoraussetzung dar, um eine positive Umsetzung zu erreichen. Um Krisen erfolgreich überwinden zu können, sollten Sie die folgenden Punkte beherzigen:*

- o *Geschwindigkeit: Die Bearbeitung hat zeitnah, aber nicht voreilig zu erfolgen. Feste Bürozeiten gibt es im Internet nicht.*

- o *Lösungsqualität: Überprüfen Sie den Vorgang, auf den sich die kritischen Äußerungen beziehen, noch einmal individuell.*

o *Hochwertige Kommunikation: Kommunizieren Sie auf einem qualitativ hochwertigen Niveau. Bedenken Sie dabei, dass Ihre Antwort für alle Web- User möglicherweise über einen sehr langen Zeitraum hinweg sichtbar ist. Seien Sie höflich und ernsthaft. Zeigen Sie Verständnis und ganz wichtig: Vermeiden Sie Ironie! Nehmen Sie die Kritik ernst. Antworten Sie immer positiv.*

o *Negativ- Kommentare: Verfolgen Sie bei negativen Beurteilungen das Ziel, das Gespräch auf einer persönlichen Ebene unter Ausschluss der Öffentlichkeit führen zu können. Bieten Sie dazu direkte Kontaktmöglichkeiten an. Andere Leser gewinnen so den Eindruck, dass sich Ihr Unternehmen „kümmert". Ganz wichtig: Löschen Sie keine negativen Kommentare.*

o *Ausnahme: Verletzende und beleidigende Kommentare dürfen Sie selbstverständlich löschen!*

- Halten Sie bitte die Privatsphäre von sich, Ihren Mitarbeitern sowie Geschäftspartnern ein. Bedenken Sie, dass Ihre Beiträge öffentlich sind und bspw. auch von Wettbewerbern, Kunden, Lieferanten oder den Mitarbeitern Ihres Kreditinstitutes gelesen werden können. Aus diesem Grunde sollten keine privaten Informationen verbreitet werden.

- Sollten Ihnen Fehler unterlaufen sein, so stehen Sie bitte offen dazu und korrigieren sich sofort.

- Bleiben Sie stets bei der Wahrheit!

Zum guten Schluss: Verwenden Sie die jeweilige URL *(Im allgemeinen Sprachgebrauch werden URLs auch als Internetadresse oder Webadresse bezeichnet, wenngleich es sich dabei um eine sehr starke Vereinfachung handelt)* Ihres Blogs, Ihrer Facebook- Präsenz etc. auch auf Ihrem Unternehmens- Briefpapier, den Visitenkarten und in den E-Mail- Signaturen Ihrer Unternehmensangehörigen.

## 4.2 Weblogs bzw. Blogs

*Z* *unächst ein kurzer Hinweis zur Schreibweise (Stand: Januar 2014): Da laut Duden sowohl der Ausdruck „das Blog" (Neutrum) als auch „der Blog" (Maskulinum) verwendet werden kann, habe ich mich nachfolgend – ohne jedwede Wertung – für das Maskulinum als durchgehende Schreibweise entschieden.*

Bei einem Weblog *(Wortkreuzung aus engl. „Word Wide Web" sowie „Log" für Logbuch)* bzw. Blog handelt es sich – vereinfacht ausgedrückt – um ein auf einer Website geführtes Tagebuch. Dies impliziert bereits, dass externe Blogs eine sehr unterschiedliche Größe und Nutzerzahl erreichen können. Blogs sind für Social- Media- Marketingzwecke keinesfalls zu unterschätzen, da zahlreiche Blogs hochklassige Informationen und Diskussionen aufweisen. Mindestens eine Person, der sog. Blogger bzw. Betreiber, schreibt in dem Blog journalartig und mit Datumsangabe seine Aufzeichnungen bzw. Gedankengänge nieder. Unternehmer sollten beachten, dass es sich bei ebendiesem Blogger um einen sog. Multiplikator handelt, der eine Vielzahl von Nutzern positiv wie negativ beeinflussen kann. Deshalb können Blogger durchaus als „moderne Journalisten" bezeichnet werden, zumal die von ihnen geschaffenen Medien häufig eine große Beachtung finden. Sollte es Ihrem kleinen oder mittelgroßen Unternehmen gelingen, von einem guten Blogger positiv erwähnt zu werden, so können Sie durchaus eine größere Aufmerksamkeit als bei einer Erwähnung in traditionellen Massenmedien erzielen.

Blog- Beiträge werden in umgekehrter chronologischer Reihenfolge aufgelistet. Neben dieser Anordnung nach dem jeweiligen Datum wird jeder Weblog- Beitrag zusätzlich einer oder mehreren Kategorie(n) zugeordnet. Wird nun eine einzelne Kategorie aufgerufen, so werden die darin enthaltenen Beiträge wiederum nach ihrem Datum sortiert. Den meisten Weblogs steht zudem eine sog. Suchfunktion zur Verfügung. Blogs sind meist öffentlich oder nach einer vorherigen Registrierung einsehbar.

Da Suchmaschinen wie bspw. Google die Online- Beiträge der Blogs rasch einlesen, können Sie zusätzlich Ihr dortiges Unternehmens-Ranking verbessern.

Blogs stellen insbes. deshalb eine hervorragende Drehscheibe für Social-Media- Aktivitäten dar, da sie mit und in viele(n) Plattformen integriert werden können. So bietet einschlägige Blogsoftware eine Vielzahl an sozialen Funktionen, zum Beispiel Kommentare, Trackbacks, Blogrolls und Subscriptions. Diese Funktionen sind für Marketingzwecke gut geeignet.

*Exkurs: Funktionen*

*Bei vielen Weblogs bzw. Blogs finden Sie auf der eigentlichen Beitragsseite eine sog. Trackback- URL. Als Trackback (Bezugnahme) wird eine Funktion bezeichnet, bei der es sich – vereinfacht ausgedrückt – um Benachrichtigungen eines Blogs an einen anderen handelt, dass der Sender einen Link auf den Empfänger gesetzt hat. Trackback ist also ein System, mit dem ein Hinweis auf einen Beitrag zum gleichen Thema in einem anderen Weblog hinterlassen werden kann. Inzwischen sind Trackbacks stark von Spam betroffen.*

*Eine sog. Blogroll ist eine Linkliste, die sich meistens im Randbereich eines Blogs befindet und die Empfehlungen zu anderen interessanten Blogs enthält.*

*Subscriptions stellen eine Art Abonnement dar. Hat der Leser einen Blog in seine „Subscription- Liste" aufgenommen, so muss er fortan diesen Blog nicht mehr direkt besuchen – er wird die Beiträge trotzdem zur Kenntnis nehmen können. Im Detail funktioniert dies über RSS („Really Simple Syndication"). RSS speichert Blogbeiträge und stellt sie in maschinenlesbarer Form als Dateien bereit. Diese Dateien können nun durch Verwendung eines sog. Feed Readers gelesen werden. Ein Feed enthält somit die Inhalte eines Blogs in einheitlicher Form. Die steigende oder sinkende Zahl von Feed- Abonnenten ist übrigens ein Kriterium für den Nutzwert, den ein Blog den Lesern bietet.*

Blogs bestehen aus sog. Posts *(oft auch „Postings" genannt)*. Dabei handelt es sich um Beiträge *(also die eigentlichen Artikel)*, die im Normalfall eine beliebige Länge haben können. Diese Beiträge werden häufig in einem legeren Schreibstil verfasst. Deshalb eignen sich Blogs nicht so sehr für die offizielle Unternehmenskommunikation (Pressemitteilungen etc.). Tipp: Beim Abfassen eines Beitrages sollten Sie – als Unternehmer – sich immer vorstellen, Ihrem Kunden direkt gegenüberzustehen.

In 2014 und den kommenden Jahren wird m. E. dem „Mobile Blogging" *(Nutzung und Zugriff über mobile Endgeräte)* eine immer stärkere Rolle zukommen. Dabei dürfte „Mobile Blogging" tendenziell zu immer kürzeren Blog-Beiträgen führen.

Für den „normalen" Internet- Nutzer ist oftmals kein Unterschied zwischen einem Blog und einer Website zu erkennen, insbesondere da Kommentierungsfunktionen von Besuchern inzwischen auf nahezu allen Plattformen erwartet werden.

Nun zu den sog. Unternehmensblogs: Letztere sind gegenüber den semi-professionellen „Freizeit-Blogs" von Privatleuten noch immer in der Unterzahl, bieten aber interessante Möglichkeiten.

*Am Rande: Unternehmensblogs können nicht nur externer Natur sein (Marketinginstrument), sondern auch der internen Kommunikation und Information in Ihrem Unternehmen dienen – was hier jedoch nicht thematisiert werden soll. Praxistipp: Eine Möglichkeit, die eigenen Blog-Qualitäten auszutesten besteht darin, zunächst einen unternehmensinternen Blog für Mitarbeiter einzurichten. So kann unverbindlich herausgefunden werden, ob überhaupt Ressourcen für einen erfolgreichen externen Blog vorhanden sind.*

Grundsätzlich helfen Blogs Unternehmen dabei, sich offen und transparent mit Mitarbeitern, Kunden *(„Feedback")* und Geschäftspartnern über Unternehmensentwicklung, Branchen- News und/oder Produkte auszutauschen.

Für kleine und mittelständische Unternehmen eignen sich Blogs im Detail dazu, um

- Einblicke in Ihr Unternehmen zu gewähren. Versuchen Sie, die Leser nicht nur zu erreichen, sondern letztere für sich und Ihr Unternehmen zu aktivieren.

- Service- und Kundendienstanfragen zu beantworten. Während Ihre Kundendienstmitarbeiter am Telefon Ihren Kunden dieselbe Frage oft mehrmals beantworten müssen, wird im Rahmen eines Blogs diese Frage einmal umfassend beantwortet *(z.B. „Schritt-für- Schritt- Anleitung" zum Entkalken eines Kaffeeautomaten)* und bleibt auch für andere Kunden sichtbar. Durch eine eventuelle Einbindung medialer Inhalte *(z.B. Videos)* kann eine derartige Anleitung sehr anschaulich gestaltet werden. Eine derartige Vorgehensweise kann erhebliche Ressourcen einsparen, da die Kunden bereits im Blog Antworten auf ihre Fragen finden und deshalb den Support Ihres Unternehmens gar nicht mehr kontaktieren müssen.

- Zusatzinformationen zu Ihren Produkten bereitzustellen. Hier könnte es sich bspw. um Inhaltsstoffe etc. handeln.

- (Bedienungs-) Anleitungen zu platzieren. Tipp: Zerlegen Sie die Arbeitsschritte in eine durchnummerierte Liste. Fügen Sie Bilder und Videos ein.

- Bedürfnisse Ihrer Kunden zu erkennen.

- Konstruktives Feedback von Kunden zu erhalten.

- Tauchen in Blogs kritische Bemerkungen über Ihr Unternehmen, Ihre Marke(n), Ihre Produkte und/oder Dienstleistungen auf, so sollten Sie diese Kritik konstruktiv prüfen. Dadurch können Sie Ihre Produkte verbessern bzw. weiterentwickeln oder Mängel beseitigen. Nutzen Sie diese – bislang unbekannten – Optimierungsmöglichkeiten, indem Sie auch dauerhaft Ihre entsprechende Fachabteilung einbinden.

Für Freiberufler und Berater eignen sich Blogs, um

- Fachkompetenz herauszustellen. Beispielsweise verfassen Rechtsanwälte, Steuerberater etc. fachlich fundierte Blogartikel oder Gastbeiträge. Auch konstruktive Kommentare in anderen Blogs untermauern die eigene Kompetenz. Anschließend dürfte der eine oder andere neue Mandant an Sie herantreten.

- Tutorials zu verfassen. Letztere sind besonders beliebt, weil sie Lesern häufig einen echten Mehrwert bringen.

Lokal agierende Unternehmen und Freiberufler bloggen über

- Themen aus der Region.

Wie ist nun ein Unternehmensblog aufzusetzen? Hier kommen zwei grundsätzliche Herangehensweisen in Betracht:

- Geschäftsführer- Blog („CEO"- Blog): Dieser Blog wird durch den Unternehmensinhaber bzw. Geschäftsführer selbst betrieben.

- Mitarbeiter- Blog: Hier geben Ihre Arbeitnehmer Ihrem Unternehmen ein Gesicht. So wird die Öffentlichkeit bspw. über Kenntnisse und Erfahrungen Ihrer Mitarbeiter informiert. *Falls Sie einen solchen Blog einrichten möchten, sollten Sie vorab ein Regelwerk („Policy") festlegen, nach dem sich Ihre Mitarbeiter zu richten haben.*

  *Exkurs: Wenn Mitarbeiter im Namen Ihres Unternehmens Social Media betreiben (dies gilt für alle Plattformen wie Blogs, Facebook, Twitter etc.), so sind unbedingt einige Regeln für den Umgang mit diesen Kommunikationsformen aufstellen. Mein Tipp: Halten Sie diese Regeln schriftlich fest und lassen Sie sie von den betroffenen Mitarbeitern gegenzeichnen. Hier einige Anregungen:*

  - *Ihre Mitarbeiter sollten sich bewusst sein, dass alles sofort öffentlich ist.*

  - *Internes ist intern zu halten.*

  - *Die Mitarbeiter sollten sich bei allen Einträgen bewusst sein, dass sie als Mitarbeiter Ihres Unternehmens wahrgenommen werden.*

  - *Die Mitarbeiter sollten authentisch und transparent schreiben und jederzeit deutlich machen, dass sie als Mitarbeiter Ihres Unternehmens „posten".*

  - *Mitarbeiter sollten nie negativ über Mitbewerber, eigene Kunden und Partner sprechen.*

  - *Alle Mitarbeiter Ihres Unternehmens sollten stets höflich sein – auch, wenn andere es nicht sind.*

o *Macht Sie ein Gesprächspartner auf einen Fehler aufmerksam, so sehen Sie diesen Ratschlag als konstruktive Kritik an. Im Web korrigiert man seine Fehler öffentlich!*

o *Ihre Mitarbeiter sollten unbedingt auf korrekte Rechtschreibung und Zeichensetzung achten.*

o *Anfragen sind postwendend – nicht etwa erst nach einem Tag – zu beantworten.*

*Bedenken Sie bitte auch, dass im Berufsleben jüngere Mitarbeiter eine erhöhte Akzeptanz gegenüber sozialen Medien aufweisen als ihre älteren Kollegen. Bei letzteren können sich Ängste und/oder Vorbehalte gebildet haben, die es zunächst auszuräumen gilt.*

Meiner Meinung nach sollten keine externen Dritten *(Agenturen)* mit einem Blog beauftragt werden, da hier „Herzblut" gefragt ist. M.E. werden Ihre eigenen Firmenangehörigen Ihr Unternehmen leidenschaftlicher und (fach-) kompetenter vertreten *(gerade in Kundendienst- Angelegenheiten)*.

Zum formalen Einstieg in dieses Themengebiet sollten Unternehmer und Freiberufler zunächst den einen oder anderen fachbezogenen Blog lesen, um die grundlegenden Prinzipien des Bloggens zu verstehen. Im nächsten Schritt könnte Ihr Unternehmen dann einen eigenen Blog einrichten. Verwenden Sie dazu bitte ausschließlich hochwertige Inhalte! Verfassen Sie fundierte Blogbeiträge, bspw. über Ihr Unternehmen, Ihre Marke(n), Ihre Produkte und/oder Dienstleistungen und das, was Sie tun *(und preisgeben möchten)*. Planen Sie bitte Ihre zukünftigen Beiträge. Erstellen Sie sich dafür einen sog. „Veröffentlichungs- Kalender. *Am Rande: In jeder Blog-Kategorie sollten mindestens fünf Themengebiete vorhanden sein, die im Zusammenhang mit dem eigenen Unternehmen, den Produkten und/oder Dienstleistungen stehen.*

Binden Sie bereits zum Start diejenigen Mitarbeiter Ihres Unternehmens, die privat im Social Web aktiv sind, ein. Veranstalten Sie als „Kick- Off" mit diesen Mitarbeitern ein gemeinsames Brainstorming. Sie werden feststellen, dass eine Menge Know- How zusammenkommt, das den Weg Ihrer weiteren Aktivitäten ebnet.

Um einen Unternehmens- Blog aktuell zu halten, bedarf es einer strukturierten Vorgehensweise und Organisation. Dazu einige Anregungen:

- Etablieren und schulen Sie ein im Kern festes Redaktionsteam.

- Statten Sie das Team mit der nötigen Technik aus.

- Stellen Sie dem Team ein ausreichendes Zeitkontingent zur Verfügung.

- Legen Sie Termine für die Redaktionssitzungen fest.

- Legen Sie die Themen der kommenden ein bis zwei Monate im Voraus fest.

- Bauen Sie in Ihren Plan Reserven ein.

- Legen Sie fest, wie mit Kommentaren umgegangen wird.

Nachfolgend nun einige „Good Practices" für Blogger:

- Lesen Sie selbst gute Blogs. Ein Blog ist m.E. dann als gut zu bezeichnen, wenn er authentisch und glaubwürdig verfasst ist und aktuelle Inhalte vermittelt.

- Denken Sie sich einen kurzen und aussagekräftigen Titel für Ihren Blog aus. Dabei sollte der Titel einen erkennbaren Zusammenhang zum Inhalt aufweisen.

- Bloggen Sie plan- und regelmäßig. So können sich Ihre Leser besser auf Neuerscheinungen einstellen. Dabei sollte die Häufigkeit von Posts in einem Unternehmens- Blog nicht starr geregelt sein. Zu schnell bemerkt ein Leser, dass die Marketingabteilung eine bestimmte Frequenz vorgesehen hat. Bezüglich der Häufigkeit orientieren Sie sich besser an den – gut gemachten – Blogs Ihrer Wettbewerber. Das wichtigste Element eines erfolgreichen Blogs ist regelmäßiges Posten in guter Qualität.

- Überlegen Sie, welches Thema bzw. welche Themen Sie selbst kompetent behandeln können. Idealerweise sollten Sie sich eine thematische Nische suchen.

- Schreiben Sie zielgruppenorientiert und behalten Sie beim Verfassen von Beiträgen immer den Nutzen für Ihre Leserschaft im Hinterkopf. Der Inhalt Ihrer Blog- Beiträge ergibt sich nämlich aus der anvisierten Zielgruppe. Nicht viel Resonanz dürften Blogs erzielen, die ausschließlich eigene Produkte vorstellen. Ein Blog- Leser möchte für ihn gewinnbringende Informationen erhalten. So werden interessante Tipps und aktuelle Themen und Entwicklungen aus einer Branche gut angenommen und ein fester Leserkreis aufgebaut. Nachfolgend einige Anregungen für interessante Themen:

  o Unternehmen mit mehreren Standorten können in regelmäßiger Abfolge die verschiedenen Unternehmens-Standorte vorstellen. Geben Sie dabei unbedingt entsprechende Länder- bzw. Städtetipps – gern auch „Geheimtipps" ansprechender Events oder Restaurants.

  o Die Geschäftsführung sollte – zumindest gelegentlich – den einen oder anderen Beitrag verfassen.

  o Lassen Sie Ihre Kundendienstmitarbeiter zu Wort kommen, indem bspw. ein Erfahrungsbericht eingestellt wird.

  o Beiträge von Auszubildenden sprechen insbesondere jüngere Kunden und potenziellen „Nachwuchs" an.

  o Leserfragen könnten aufgegriffen und für die Allgemeinheit ausgeführt werden *(natürlich sollte der Name des betreffenden Lesers dabei anonymisiert werden)*.

  o Unternehmens- Veranstaltungen sollten einerseits angekündigt und andererseits im Nachgang besprochen werden.

  o Berichten Sie über Ausflüge Ihrer Mitarbeiter.

- Variieren Sie zwischen kurzen und langen Posts bzw. Beiträgen.

- Bevor Sie negative Äußerungen über Wettbewerber etc. tätigen, stimmen Sie sich bitte im Vorfeld mit Ihrem Rechtsanwalt ab (selbst wenn die Angaben objektiv zutreffend sein sollten).

- Geben Sie Gastautoren die Gelegenheit, den einen oder anderen Gastbeitrag zu verfassen. Lassen Sie z.B. einen Experten (Steuerberater etc.) zu Wort kommen.

- Verwenden Sie ein professionelles Design. Das Aussehen Ihres Blogs ist wichtig, um ein Bild der eigenen Kompetenz zu vermitteln. Die meisten Blogging- Programme erlauben die Gestaltung eines Blogs über sog. Themes *(Veränderbare grafische Oberflächengestaltung)*. Es handelt sich dabei um sog. CSS- oder HTML- Sammlungen und Grafiken, die für die Gestaltung von Blogs verwendet werden können. M.E. kann es für Unternehmens- Blogs durchaus Sinn machen, individuelle Themes zu verwenden, die sich am eigenen Corporate Design *(Elemente, die das visuelle Bild eines Unternehmens ausmachen, z.B. Logo, Farben etc.)* orientieren.

- Gestalten Sie Ihren Blog übersichtlich. Bedenken Sie dabei, dass die Inhalte heutzutage auch auf Tablets etc. wiedergegeben werden. Ich empfehle,

  o wenn Sie viele Fotos oder Bilder in Ihrem Blog präsentieren, für Ihre Posts einen weißen Hintergrund zu verwenden. Weiß stellt eine neutrale Farbe dar, die zu allen Bildern passt. Das haben sich bereits Museen und Galerien zu eigen gemacht.

  o eine einfache Systemschrift (z.B. Arial, Verdana etc.) zu verwenden, da diese rasch lädt.

  o einen individuellen „Header" *(Kopfbereich)* einzubauen, der etwas über den Inhalt Ihres Blogs aussagt. Beim Header handelt es sich um die Visitenkarte Ihres Blogs. Je aufwendiger oder bunter ein Header gestaltet wird, desto ruhiger sollte der eigentliche Hintergrund sein. Die Breite des Headerbildes sollte der Breite des Blogs entsprechen, damit sich beim Laden des Blogs nichts verschiebt.

- Langweilen Sie Ihre Leser nicht mit monotonen Beiträgen. Variieren Sie stattdessen und binden Sie auch Multimedia-Elemente ein. Nachfolgend einige Ideen zum Einsatz möglicher „Stilelemente":

  o „Klassische" Artikel,

  o Humoristische Artikel zur Unterhaltung,

  o Reportagen mit Text und Bild *(Beachten Sie insbesondere bei der Verwendung von Fotos das Urheberrecht)*,

  o Foto- Tagebücher von Abteilungen, Mitarbeitern etc.,

  o Verwendung von Infografiken,

  o Video- Interviews,

  o Video- Rundgänge,

  o Video- Event- Impressionen,

  o Video- Anleitungen *(z.B. eine Video- Anleitung darüber, wie eines Ihrer Produkte ausgepackt und in Betrieb genommen wird)*,

  o Sammlung von Antworten auf sog. FAQs,

  o Artikel-Serien,

  o Kommentare,

  o Teaser oder Trailer zur Ankündigung interessanter Posts.

  *Mischen Sie verschiedene Arten der vorgenannten Stilelemente und konzentrieren Sie sich später auf diejenigen, die Ihnen Traffic und/oder Links einbringen.*

- Nutzen Sie gelegentlich die Interview- Technik für Ihren Blog. Befragen Sie Kollegen, Geschäftspartner oder Branchenkenner. Die Antworten eines Befragten erwecken oftmals die Neugierde des Lesers. Damit wird sowohl die Kompetenz des eigenen Unternehmens als auch die des Befragten hervorgehoben. Des Weiteren vermitteln Interviews auch die persönliche Seite des Befragten. Besuchen Sie alternativ eine Branchenmesse.

Interviewen Sie dort führende Experten. So ergeben sich allein durch den Messebesuch Inhalte, über die man berichten kann.

- Arbeiten Sie mit Listen *(„Die zehn besten Tipps ... ")*! Dies hilft Ihnen dabei, Ihre Beiträge zu strukturieren und wird von Ihrer Leserschaft gerne angenommen.

- Fordern Sie Ihre Leser zu bestimmten Handlungen auf. Nachfolgend einige Beispiele:

  o Frage(n) an das Unternehmen richten,

  o Auf Twitter, Facebook, YouTube etc. folgen,

  o Registrierung für einen kostenlosen Newsletter,

  o Registrierung für ein kostenloses Webinar,

  o „White- Paper" herunterladen,

  o E- Book herunterladen,

  o Bestellung eines kostenlosen Musters etc.,

  o Beendigung Ihrer Beiträge mit einer Fragestellung. *Auf diese Weise binden Sie Ihre Leser dahingehend ein, Kommentare abzugeben.*

- Weisen Sie jeden Ihrer Beiträge einer oder mehreren Kategorien und Schlagwörtern *(„Tags")* zu. So können Leser Ihre Inhalte auch über die Schlagwortsuche finden.

- Verlinken Sie Ihre Blogbeiträge mit Ihren anderen Social- Media- Aktivitäten. *Am Rande: Eingehende Links sorgen dafür, dass eine Website von Suchmaschinen höher bewertet wird. Des Weiteren finden Besucher zu Ihnen.*

- Tragen Sie Ihren Blog in Suchmaschinen und Blogverzeichnisse ein. So werden Sie einerseits leichter gefunden und erhöhen andererseits Ihre Reichweite. Insbesondere zum Start eines neuen Blogs stellen Blogverzeichnisse eine geeignete Möglichkeit da, um erste Backlinks *(„Rückverweise": Bezeichnet jene Links, die auf eine Website verweisen, die bereits auf den Backlink- Geber verwiesen hat)* zu generieren und Besucher zu gewinnen. Jedoch sollte man sich nicht blind bei jedem Verzeichnis anmelden.

- Verwenden Sie gängige „Keywords"! Gehen Sie dabei soweit, dass Sie einen redaktionellen Plan um bestimmte Keywords herum entwerfen. Das Wort und dessen Synonyme sollten häufig im Text genannt werden. Wichtig ist natürlich, dass diese Keywords auch im Titel und in den Tags vorkommen. Diese Strategie hilft einerseits bei der Themenfindung, andererseits werden die Artikel besser von Suchmaschinen indexiert.

- Der Kommentarbereich eines Blogs bietet ein hervorragendes Umfeld, um eine Community aufzubauen und um Feedback zu generieren. Blog- Kommentare werden grundsätzlich unterhalb des eigentlichen Beitrages aufgelistet. Beantworten Sie Fragen und konstruktive Kritik transparent. Destruktive Kritik dürfen Sie löschen. *Schützen Sie Ihre Blogs vor „Spammern". Letztere versuchen, die Kommentarfelder von Blogs durch angehängte Werbelinks zu missbrauchen. Dies können Sie vermeiden, indem Sie die Kommentarfunktion, die über ein Formular erfolgt, nur mit „CAPTCHA" anbieten. „CAPTCHAS" („Blickcodes") werden dazu verwendet, um zu überprüfen, ob Eingaben in Internetformulare (z.B. Kommentierungen) über Menschen oder Maschinen erfolgt sind. Da auch CAPTCHAS umgangen werden können, bestünde eine Alternative darin, eine Freigabemethode einzurichten, bei der die Kommentare zunächst von Ihnen „manuell" überprüft werden müssen, bevor sie endgültig veröffentlicht werden.*

- Damit Ihr Blog von gängigen Suchmaschinen indiziert werden kann, sollte der Quelltext möglichst suchmaschinenfreundlich aufgebaut sein.

Bedenken Sie bitte, dass sich der Erfolg eines Blogs nicht ausschließlich nach der reinen Anzahl seiner Leser richtet. Viel wichtiger ist, dass Sie Ihre relevante Zielgruppe erreichen und dass diese sich gut informiert und/oder unterhalten fühlt.

Des Weiteren sind Angaben zum (rechtssicheren) Impressum, zu den redaktionell bzw. journalistisch Verantwortlichen sowie bezüglich des Datenschutzes bzw. der Datenschutzerklärung einzuarbeiten.

Zur Umsetzung Ihres Blogs kann bspw. WordPress *(http://de.wordpress.org)* verwendet werden.

WordPress ist eine freie (sog. Open- Source) Software. Beim Design stehen Ihnen erhebliche Möglichkeiten offen. Mit kostenfreien oder kostenpflichtigen WordPress- Themes werden die einzelnen Inhalte und Bereiche festgelegt. Meist beinhalten sie einen oberen Kopfbereich (Header), einen Hauptteil (Body), mögliche Seitenbereiche sowie den Fußteil (Footer).

Der Inhaber des Blogs verfügt über ein sog. Dashboard, welches nur für ihn sichtbar ist. Das Dashboard ist Ausgangspunkt und Zentrale seiner Aktionen. Dort stellt er seine Texte mit Hilfe eines Editors ein und fügt bspw. Bilder oder Präsentationen hinzu. Er kann die Texte wunschgemäß formatieren und mit internen oder externen Seiten verlinken.

Über sog. Plug- Ins können zusätzliche Funktionen und Erweiterungen hinzugefügt werden. *Bei Plug- Ins handelt es sich um kleine Werkzeuge, beispielsweise kann damit eine Fotogalerie, eine Newslettereinbindung oder eine PowerPoint-Präsentation integriert werden.* Sehr hilfreich (und notwendig) ist ein Spam- Filter. Des Weiteren sollte der Blog mit anderen sozialen Netzwerke verknüpft werden können, so dass direkt von den Beiträgen aus dorthin gepostet werden kann. Für den Bereich der Suchmaschinenoptimierung sollten ebenfalls Varianten an kostenfreien Plug- Ins vorhanden sein, die den Blog- Betreiber bei der Optimierung unterstützen.

## 4.3 Mikroblogging: Twitter

Bei sog. „Microblogs" handelt es sich um Anwendungen, durch die Nutzer kurze, SMS-ähnliche Textnachrichten veröffentlichen können. Mikroblogging ist folglich eine spezielle Form des in Kapitel 4.2 vorgestellten „Bloggens". Die Besonderheit besteht darin, dass beim Mikroblogging die Länge der Nachrichten limitiert ist. Letztere werden wie in einem Blog chronologisch dargestellt.

Bei dem bekanntesten Mikroblogging-Dienst handelt es sich um Twitter *(„Gezwitscher")*. Twitter ist ein einfacher, unmittelbarer und extrem schneller Dienst – de facto eine digitale Echtzeit- Anwendung.

Da Privatpersonen, Prominente, Politiker, Unternehmen und Organisationen Twitter als Plattform zur Verbreitung ihrer kurzen Textnachrichten (*„Tweets"*) im Internet nutzen, kann Twitter als

- Kommunikationsplattform,

- Online-Tagebuch,

- Soziales Netzwerk

definiert werden. Twitter dient dem Austausch von Informationen, Gedanken und Erfahrungen.

Vorab: Bei Twitter sind Textnachrichten auf maximal 140 Zeichen begrenzt und man erhält nur die Nachrichten von Nutzern, die man selber ausgewählt hat. Wenn Nutzer Nachrichten schreiben, werden diese entsprechend nur denjenigen Nutzern angezeigt, die diesem Nutzer „folgen".

Neben den registrierten „Twitterern" gibt es eine hohe Anzahl an „passiven" Nutzern – d.h. Menschen, die sich lediglich informieren möchten und deshalb ohne Anmeldung „mitlesen".

Für Unternehmen kann es sinnvoll sein, Twitter einzusetzen, da Twitter einerseits wenig Zeitaufwand erfordert und andererseits zusätzliche Aufmerksamkeit generiert. So ist die Reichweite von Twitter, insbesondere in der Marketing- und IT- Szene, enorm. Twitter dient Unternehmen insbesondere dazu,

- Einblicke in Kundenwünsche zu erhalten,

- Inhalte zu verbreiten und Produktinformationen bereitzustellen,

- Leser durch den Einsatz von Links über Neuigkeiten und weitere Blogs auf dem Laufenden zu halten.

- Veranstaltungen und Sonderaktionen bekannt zu machen,

- im direkten Dialog aktiv mit den eigenen Kunden zu kommunizieren und dadurch Vertrauen aufzubauen,

- Service- und Supportdienstleistungen für eigene Produkte zu erbringen,

- Personal oder mögliche Partner zu identifizieren.

Abstrakter formuliert kann das Mikroblogging via Twitter als Marketing- und Marktforschungsinstrument eingesetzt werden oder gar der Unternehmens- und Produktentwicklung dienen.

Beachten Sie bitte, dass Unternehmen natürlich nicht twittern können. Aber Menschen können twittern. Und Menschen sind Mitarbeiter, Manager oder Inhaber eines Unternehmens. Stellen Sie deshalb die menschliche – die sympathische – Komponente Ihres Unternehmens in den Vordergrund. Tragen Sie dafür Sorge, dass Ihr Unternehmen nahbar und ansprechbar wird.

Die kurzen Textnachrichten von Twitter („*Tweets*"), die angemeldete Nutzer erstellen können, sind grundsätzlich öffentlich sichtbar. Die öffentliche Adressierung erfolgt über die sog. „@-Funktion", die private über Direktnachrichten. *Wenn Sie bspw. „@username" in einen Tweet einbauen, erscheint der Tweet bei dieser angesprochenen Person in der Antworten-Ansicht. Beginnt ein Tweet mit einem solchen @-Zeichen, so können nur Nutzer, die Ihnen und der Person (die Sie „antwittern") folgen, die Nachrichten in ihrer „Timeline" sehen.*

Des Weiteren kann jeder Tweet sog. Hashtags (mit #), Links (als URL), Bilder (als URL) oder Standorte enthalten.

*Exkurs: In Twitter funktioniert das „Social Tagging" mittels sog. Hashtags, die direkt in die jeweilige Nachricht eingefügt werden. Ein Hashtag (z.B. #Lexikon) ist dabei ein Schlagwort, welches in einem Tweet einen Begriff hervorhebt. Letztendlich ordnet der Hashtag einen bestimmten Tweet einer Gruppe weiterer Tweets zum gleichen Thema zu. Hashtags dienen im Bereich Social Media dazu, um Themen zusammenzufassen. Die Bezeichnung stammt übrigens vom Raute-Zeichen „#", mit dem der betreffende Begriff markiert wird.*

*Wenn Sie jemandem auf Twitter „folgen", so werden Sie dessen Tweets in der eigenen „Timeline" (Übersicht über den Nachrichtenverlauf) sehen. Dabei entspricht die Anzahl Ihrer Follower der Anzahl an Leuten, die möglicherweise Ihre Tweets lesen. Bei Unternehmens- „Accounts" empfiehlt es sich, all denen zu folgen, die auch Ihnen folgen, damit nicht der Eindruck einer Einbahnstraßen- Kommunikation entsteht. Grundsätzlich sollten Sie auf ein ausgewogenes Following- Follower- Verhältnis achten. Wenn Ihr Unternehmen mehr Follower aufweist als Nutzer, denen man selbst folgt, so ist dies ein Anzeichen für die besondere Attraktivität Ihres „Accounts".*

Es besteht die Möglichkeit, die Beiträge anderer Nutzer zu kommentieren, zu favorisieren oder zu teilen.

*Exkurs: Twitter hat mit der Funktion "Favoriten" ein sichtbares Nutzerverhalten geschaffen, indem nun der Beitrag einer anderen Person als Favorit gekennzeichnet werden kann. Letztendlich bewerten („liken") Twitter- Nutzer für sie interessante Tweets durch Einsatz der "Favorisieren" Funktion. Diese Bewertung kann ein Kennzeichen für den Erfolg einer Nachricht darstellen.*

*Wenn Sie einen interessanten Tweet in Ihrer „Timeline" entdeckt haben, so können Sie ihn an Ihre Follower weiterleiten, indem Sie ihn „Retweeten". Twitter bietet zwei Möglichkeiten des Retweetens an, manuell und automatisch. Bei Retweets handelt es sich um einen leistungsstarken Marketing- Mechanismus für Unternehmen. Durch diesen Mechanismus kann sich eine Nachricht nämlich in erheblichem Umfang über Twitter verbreiten, da zuerst Ihre Follower Ihren Retweet sehen. Retweeten nun auch einige Ihrer Follower diese Nachricht, so sehen wiederum deren Follower die Nachricht. Ein Dominoeffekt wird in Gang gesetzt.*

Auch per Suchmaschine können Beiträge bzw. Textnachrichten Ihres Unternehmens gefunden werden. Insbesondere durch die Verlinkungen, den Echtzeitcharakter und den „Traffic" *(deutsch: Verkehr)* werden aktive „Accounts" von Suchmaschinen positiv bewertet.

Twitter bietet – neben der öffentlichen Kommunikation – auch Optionen zur privaten Kommunikation an. So besteht einerseits über die Funktion „geschützte Tweets" die Möglichkeit, verfasste Textnachrichten nur bestimmten Followern zugänglich zu machen. Andererseits bietet die sog. „Direktnachricht" eine private Möglichkeit, um jemanden zu kontaktieren. Nach meinem Kenntnisstand können Sie diese Funktion aber nur dann nutzen, wenn Sie und der Empfänger sich gegenseitig folgen. Vermeiden Sie bitte die Versendung automatisierter Direktnachrichten. Viele Twitter- Nutzer finden letztere eher lästig.

Um bei der Vielzahl an „Tweets" ein klein wenig Ordnung halten zu können, empfehle ich Ihnen, sich sog. Listen anzulegen. Darunter versteht man eine benutzerdefinierte Gruppe von Twitter- Nutzern, denen man folgt. Derartige Interessenlisten lassen sich entweder zu bestimmten Themen oder aber zu Personen anlegen. Beides macht durchaus Sinn und vereinfacht die Handhabung von Twitter.

Das Anlegen einer Liste funktioniert recht simpel, indem auf der Profilseite des jeweiligen Twitter-Nutzers auf das „Aktionen"- Icon *(neben dem Folgen-Button)* geklickt wird. Dort kann man dann auf den Button „Den Listen hinzufügen oder daraus entfernen" drücken und danach eine „Liste erstellen", die dann privat oder öffentlich sein kann. In den jeweiligen Listen laufen anschließend die Tweets der einzelnen Accounts übersichtlich auf. Eine weitere Anmerkung: Es gibt bereits vordefinierte Listen, die abonniert werden können.

Auf Twitter finden Sie persönliche Konten, Firmenkonten und Konten fiktiver Personen. Insbesondere die Konten offizieller Marken weisen oftmals eine hohe Anzahl an Followern auf.

Nachfolgend einige Hinweise zum Anlegen Ihres Twitter-„Accounts" bzw. Kontos. *Am Rande: Im Vergleich zu anderen Social- Media-Plattformen ist das Anlegen eines Twitter- „Accounts" vergleichsweise einfach.* Unter Angabe eines – später noch änderbaren – Nutzernamens, Ihrer gültigen E-Mail- Adresse und eines Passworts eröffnen Sie Ihren Twitter- Account unter https://twitter.com/signup.

Bei Twitter wird zwischen einem Nutzernamen (der später hinter dem „@"-Zeichen angezeigt wird) und Ihrem vollständigen Namen unterschieden. So taucht der vollständige Name in Ihrem Profil und in Tweets auf, Ihr Nutzername wird hingegen bspw. in Retweets genannt. Wählen Sie zuerst Ihren Nutzernamen frei aus. Unternehmen empfehle ich, sich für die Verwendung eines möglichst prägnanten Namens zu entscheiden, der Ihnen, Ihren Marken etc. zweifelsfrei zugeordnet werden kann. Praxistipp: Mittelgroße und große Unternehmen, die entsprechend ihrem Strategiekonzept (Kapitel 2) beabsichtigen, mehrere Twitter- Accounts einzurichten, sollten an dieser Stelle innehalten und bestimmte Varianten durchdenken. So wäre es bspw. möglich, für den Kundendienst einen eigenen „Service- Account" anzulegen. Für international ausgerichtete Mittelständler käme bspw. die Verwendung jeweils eigener Account- Endungen pro Land in Betracht (z.B. „DE" für Deutschland). Insbesondere Freiberufler sollten ihren zusammengezogenen Vor- und Nachnamen verwenden. Ist diese Kombination bereits belegt, so empfehle ich Ihnen, nicht auf Unterstriche oder Zahlenanhänge auszuweichen. Letztere werden von potenziellen Followern nicht allzu geschätzt und stellen für mobile Nutzer eine Herausforderung bei der Eingabe auf der Telefontastatur dar.

Zur Vervollständigung Ihres Twitter- Accounts sollten Sie:

- eine kurze Beschreibung,

- die URL zu Ihrer Website,

- ein Profilbild *(sog. Avatar)*,

- ein Hintergrundbild,

- die sog. Kopfzeile

einrichten.

Im Rahmen Ihrer Beschreibung stehen Ihnen 160 Zeichen zur Verfügung. An dieser Stelle sollten Sie Ihr Unternehmen möglichst prägnant und durchdacht vorstellen. Die Verwendung sog. Emoticons *(Piktogramme, die Emotionen ausdrücken sollen)* sollte für Unternehmenszwecke unterbleiben.

Die URL zu Ihrer Website sollte dazu dienen, dass denjenigen Menschen, denen Ihr Twitter-Auftritt gefällt, auf Ihre Unternehmens-Website weitergeleitet werden.

Die Wirkung des Profilbildes sollten Sie keinesfalls unterschätzen, da die Twitter-Nutzer über dieses Bild Ihre Tweets identifizieren. Das Profilbild hat lediglich eine Auflösung von 200 x 200 Pixeln, von Twitter wird es in 128 x 128 Pixeln dargestellt und für das „Mini"-Bildchen neben den Tweets sogar auf 48 x 48 Pixel skaliert. Insbesondere für Freiberufler empfiehlt es sich, dem eigenen Profil ein Gesicht zu geben, indem ein hervorragendes Foto verwendet wird. Das schafft Vertrauen und stellt einen direkten Bezug her. *Praxistipp: Freiberufler sollten in allen Social- Media- Plattformen ein ähnliches Foto verwenden, um einen hohen Wiedererkennungswert zu generieren.* Mittelständische Unternehmen sollten meiner Meinung nach eher ihr Logo verwenden und dabei unbedingt das kleine Format beachten! Für das Hintergrundbild empfehle ich Ihnen, Ihre Unternehmensfarben zu verwenden. Einige User verwenden das Hintergrundbild, um zusätzliche Informationen zu vermitteln. Hier sollten Sie jedoch bedenken, dass derartige Informationen nicht angeklickt werden können.

Relativ neu bei Twitter ist die sog. Kopfzeile („Header"). *Damit schreitet die optische Annäherung der Social- Media- Plattformen weiter voran. Facebook und kurz darauf Google Plus hatten bereits zuvor breite Kopfzeilen mit Fotos eingeführt.* Hier lässt sich nun der Hintergrund zur Kopfzeile individuell gestalten, indem Sie eine von Ihnen vorbereitete Grafikdatei in den Maßen 1.200×600 Pixel (max. 5 MB) hoch laden. Da die Schrift, die über der Headergrafik eingeblendet wird, weiß ist, sollten Sie keine allzu hellen Farben auswählen. Bedenken Sie auch, dass Twitter automatisch einen leichten Grauschleier auf den unteren Bereich der Grafik legt. Bewährt haben sich einfache Farbverläufe oder Muster anstelle detailreicher Bilder oder Fotos.

Aus meiner Sicht sollten Sie bei der Beschreibung, beim Profil- und Hintergrundbild sowie der Kopfzeile unbedingt Ihr Corporate Design aufgreifen, damit der Leser rasch erfassen kann, welches Unternehmen hier twittert.

Abschließend: Als Unternehmen sollten Ihre Tweets öffentlich sein. Sie können dies unter "Sicherheit und Datenschutz" überprüfen. Im Abschnitt "Privatsphäre" sollte kein Häkchen bei "Meine Tweets schützen" gesetzt sein. Tragen Sie bitte unbedingt auch Ihren Standort ein!

Im nächsten Schritt sollten Sie damit beginnen, Ihren Twitter-Account bekannt zu machen, da Sie zum Start *(jedenfalls im Normalfall)* niemanden haben, der Ihre Tweets liest. *Die Anzahl Ihrer Follower entspricht nämlich der Anzahl Ihrer Leser. Somit gilt: Um Ihre Reichweite zu erhöhen, sollten Sie mehr Follower für sich bzw. Ihr Unternehmen gewinnen. Bedenken Sie bitte, dass bei Twitter nicht Sie die Empfänger Ihrer Textnachrichten auswählen, sondern die Empfänger Sie bzw. Ihr Unternehmen auswählen.*

Einige Ideen:

- Suchen Sie über die Funktion „#Entdecken" und deren Unterfunktion „Freunde finden" Personen, mit denen Sie bereits per E-Mail kommunizieren.

- Teilen Sie Ihren bestehenden Kunden mit, dass Sie nun auch über Twitter erreichbar sind und sich dort vernetzen möchten.

- Folgen Sie anderen Twitterern. Tauschen Sie sich mit diesen aus, indem Sie bspw. deren Tweets kommentieren.

- Integrieren Sie Ihren Twitter- „Account" in Ihre Unternehmens-Website.

- Fügen Sie die Twitter- URL in Ihre E-Mail- Signatur ein.

- Nehmen Sie die Twitter- URL in Ihre „Print"- Medien (z.B. Visitenkarten und Broschüren) auf.

- Nennen Sie Ihre Twitter- URL auf Ihrem Unternehmens-Briefbogen.

- Machen Sie Ihre Twitter- URL durch Ihren Unternehmens-Newsletter bekannt.

Verfassen Sie interessante Tweets, die wiederum von anderen retweetet und damit verbreitet werden (sog. „virale Verbreitung"). Da jeder Tweet auf 140 Zeichen limitiert ist, sollten Sie die URLs von Links verkürzen. Hier bieten sich sog. Linkverkürzer an. Empfehlenswert ist m.E. der Dienst Bit.ly, ein sog. Post- Twitter- Service, den Sie unter https://bitly.com finden. Sie geben dort Ihre URL ein und erhalten eine kürzere URL zurück, die Sie dann für Ihren Tweet verwenden können. Vermeiden Sie es unbedingt, Ihre Meldung auf mehrere Tweets aufzuteilen. Dies geht bei Ihren Followern unter, denn gleichzeitig mit Ihren Tweets erhalten diese unzählige andere von allen Personen, denen sie folgen. Ihre Meldungen kommen also „zerrissen" an.

Vergessen Sie nicht, dass ein Twitter- Account regelmäßig gepflegt und ständig aktualisiert werden muss. So benötigt ein Twitter- Account anhaltend guten Content. Bleiben Sie also geduldig, und füttern Sie Ihren Account regelmäßig mit attraktiven Inhalten. Lassen Sie bitte nicht nach! Des Weiteren sollten Sie nicht nur Tweets versenden, sondern auch zeitnah auf Rückmeldungen reagieren. In sozialen Netzwerken gilt in besonderem Maße: Die Nutzer erwarten eine Reaktion – und diese bitte nicht erst nach einem Tag. Mittelständischen Unternehmen mit entsprechenden Kapazitäten ist deshalb die Einrichtung einer Art „Schichtplan" anzuraten.

Bedenken Sie bitte, dass eine Konversation, wie im richtigen Leben, in beide Richtungen verlaufen sollte. Deshalb sollten Sie den Fehler vermeiden, lediglich monoton Ihre Werbebotschaften zu versenden. Eine – für Ihr Unternehmen – Mehrwert generierende Kommunikation besteht aus der Abfolge

- Zuhören,

- Antworten,

- Mitmachen.

Unter https://twitter.com/search-home stellt Twitter Ihnen für das „Zuhören" eine interessante Suchfunktion zur Verfügung. *Praxistipp: Suchen Sie doch einmal nach sich selbst ...*

Wie bereits mehrfach angeführt, sollten Ihre „Antworten" darin bestehen, Ihren (potenziellen) Kunden Nutzen zu generieren. Bieten Sie Inhalte an. Für Freiberufler gilt umso mehr: Bringen Sie Ihr Expertenwissen ein.

Das „Mitmachen" besteht darin, neue Unterhaltungen zu beginnen, sich aktiv an Diskussionen zu beteiligen, Wertschätzung für andere zu zeigen, Kommentare oder Anregungen zu „retweeten", um Feedback zu bitten etc.

Mischen Sie diese Instrumente, damit Menschen nicht nur einen Grund, sondern vor allem Spaß daran haben, mit Ihnen zu kommunizieren. Streuen Sie gelegentlich eine Produkt- und/oder Dienstleistungsofferte ein. Eine Faustformel besagt, dass der Anteil an Eigenwerbung maximal 20% ausmachen sollte.

Insbesondere Freiberuflern, die über wenig Möglichkeiten verfügen, Arbeiten zu delegieren bzw. die nur geringe zeitliche Kapazitäten zur

Verfügung haben, empfehle ich, einen festen Plan zu etablieren:

- Uhrzeit, zu der Twitter täglich genutzt wird,

- Zeitaufwand, der eingesetzt werden kann (z.B. 30 Minuten am Tag).

*Exkurs: Twitter-Marketing - Die Erfolgsfaktoren*

*1. Richtiges „Timing": Wie bereits mehrmals angedeutet, handelt es sich bei Twitter um ein Echtzeitmedium. Twittern Sie also dann, wenn Ihre Follower aktiv sind. Ansonsten dürfte auch ein qualitativ guter Tweet untergehen. Übrigens: Ein qualitativ guter Tweet wird in einfachen und kurzen Worten verfasst und weist eine gewisse Kreativität auf! Ein weiterer Ratschlag: Stellen Sie gelegentlich rhetorische Fragen. Ohne hier auf Details eingehen zu wollen ein Hinweis darauf, dass es mehrere Tools gibt, mit denen Tweets vorausgeplant und zeitlich versetzt verschickt werden können.*

*2. Bezüglich Ihrer Follower sollten Sie darauf achten, dass Sie für Ihr Unternehmen vorrangig sog. Multiplikatoren gewinnen. Recherchieren Sie nach Personen, welche für Ihre speziellen Themen interessante Inhalte mit Mehrwert bieten. Durch diese Multiplikatoren werden Sie für Ihr Unternehmen sukzessive weitere Follower gewinnen. Bevorzugen Sie „Qualität" vor „Quantität"! So sind regelmäßig aktualisierte Profile mit hochwertigen Tweets gegenüber einer Vielzahl an inaktiven Followern vorzuziehen. Am Rande: Kaufen Sie keine Follower! Ein weiterer Tipp: Diskutieren Sie aktuelle Themen, die derzeit die Menschen beschäftigen. So können Sie durch die einfache Verwendung des „Trend"- Hashtags in eine laufende Diskussion einsteigen und dadurch Ihren Bekanntheitsgrad steigern. „Entfolgen" Sie Accounts, die nicht zurückgefolgt sind bzw. die Ihnen nicht interessant genug erscheinen. Auch hierzu gibt es bestimmte externe Tools, die Sie einsetzen können.*

*3. Nachdem Sie Ihre Nachricht „getweetet" haben, sollten Sie Twitter in den nächsten Minuten bzw. Stunden ein klein wenig beobachten. Bei Twitter wird nämlich von Ihnen erwartet, dass Sie prompt selbst auf Reaktionen Ihrer Follower reagieren. Mittelständische Unternehmen können diese Aufgabe bewältigen, indem zunächst die internen Unternehmensstrukturen dahingehend überprüft werden, ob die nötigen Kapazitäten vorhanden sind, um in*

*Echtzeit handeln zu können. Freiberufler sollten bspw. die Twitter-App. auf Ihrem Smartphone installieren, um auch kurzfristig von unterwegs reagieren zu können.*

Es ist möglich, Twitter durch sog. Spamming für Werbung zu missbrauchen. Dies kann bspw. durch die Generierung und Publikation einer großen Anzahl von Links geschehen. Häufig ist auch das Folgen von Profilen unbekannter Personen zu beobachten. Hier besteht die Zielsetzung darin, dass auch diese Personen wiederum den Tweets des Spammers folgen sollen. Zudem werden bestimmte aktuelle Themen von Spammern missbraucht, indem letztere ihre Beiträge automatisch mit Begriffen aus diesen Themen versehen. Das Ziel derartiger Maßnahmen kann darin bestehen, Suchergebnisse zu manipulieren.

Bezüglich der rechtlichen Verpflichtungen, denen Unternehmen und Freiberufler bei der Verwendung von Twitter in Deutschland unterworfen sind, gestatte ich mir an dieser Stelle einen Hinweis auf *http://www.e-recht24.de/artikel/ecommerce/6822-twitter-und-recht-was-sie-beim-twittern-beachten-sollten.html* (Stand: Januar 2014). Herr Rechtsanwalt Sören Siebert erläutert hier kompetent, welche rechtlichen Pflichten bei der Nutzung von Twitter zu beachten sind. Bezüglich der Datenschutz-Erklärung zu Twitter sei erneut auf den Datenschutz-Generator, den Herr Rechtsanwalt Thomas Schwenke auf seiner Website www.rechtsanwalt-schwenke.de bzw. www.datenschutz-generator.de bereitstellt, verwiesen.

Ursprünglich bestand die Intention von Twitter darin, von Mobilgeräten aus Textnachrichten zu versenden. Inzwischen gibt es einige Programme von Drittanbietern, die zusätzliche Funktionen zum Twittern zur Verfügung stellen. Dabei handelt es sich bspw. um das effiziente Management einer großen Anzahl an Followern.

Abschließend: Während Twitter vorrangig Verwendung findet, um neue Kontakte herzustellen, dient Facebook (siehe nachfolgender Abschnitt 4.4) insbesondere dazu, bestehende Kontakte wieder aufzufrischen bzw. zu festigen.

## 4.4 Soziale Netzwerke: Facebook

Da es sich bei Facebook um eine der derzeit populärsten Social-Networking- Plattformen handelt, möchte ich Ihnen in diesem Buch Facebook explizit vorstellen.

Facebook polarisiert: Für die einen ist Facebook ein unverzichtbarer Teil ihres täglichen Lebens und andere fragen sich: „Facebook? Was ist das eigentlich?"

Facebook ist ein soziales Netzwerk, das es erlaubt, mit Freunden und Bekannten zu kommunizieren. Der eigentliche Name „Facebook" geht dabei auf Jahrbücher an amerikanischen Universitäten zurück *(Facebook ist ein kalifornisches Unternehmen)*. Diese Bücher werden „Facebook" genannt, weil darin alle Studenten eines Jahrganges mit Foto und Namen abgebildet sind. Facebook wurde in der jetzigen Form 2004 gegründet und hat weltweit mehr als eine Milliarde Mitglieder.

*Meines Erachtens ist Facebook vor allem dazu geeignet, Kontakte zu solchen Menschen aufleben zu lassen, die Sie bereits kennen bzw. Verbindungen zu festigen, indem Sie mit Ihren Bekannten kommunizieren. Um neue Kontakte herzustellen, sind andere Plattformen (z.B. Twitter) besser geeignet.*

Ähnlich wie bei anderen sozialen Netzwerken verfügt jeder (private) Nutzer auch bei Facebook über eine sog. Profilseite, die er bspw. durch die Verwendung von Fotos etc. dazu nutzen kann, um sich vorzustellen. Oftmals wird kritisiert, dass einzelne Menschen mehrere Profile anlegen können und Facebook die Nutzerangaben wie Geschlecht, Alter etc. nicht überprüft. Facebook hatte 2011 damit begonnen, die Profilseiten der Nutzer umzugestalten. Dabei „mutierte" das private Anwenderprofil zu einem digitalen Tagebuch, "Timeline" oder in Deutschland "Chronik" genannt. *Die eigentliche Idee, die dahinter steckt, besteht darin, dass Nutzer ihr Leben nun chronologisch darstellen können.*

Im Mittelpunkt des Profils steht bei Facebook die sog. Pinnwand. Diese (öffentliche!) Einrichtung stellt den Ort innerhalb des Profils dar, an dem der Nutzer selbst und/oder seine „Freunde" Beiträge veröffentlichen und mit anderen teilen können. Besucher können hier sichtbare Nachrichten hinterlassen oder Anmerkungen veröffentlichen. Im Gegensatz zur Chronik, die das eigentliche Profil darstellt, handelt es sich bei der

Pinnwand de facto um eine Art Startseite, auf der alle Neuigkeiten auflaufen. Um es bildlich auszudrücken: An die Pinnwand werden bestimmte „Zettel" geheftet. Dies können bspw. „Zettel" zu Statusmeldungen sein, die dann an die „Freunde" weitergeleitet werden.

Des Weiteren können Nutzer auch über private Nachrichten miteinander Kontakt halten oder – alternativ dazu – miteinander chatten. Auch besteht die Möglichkeit, „Freunde" zu Gruppen und Veranstaltungen einzuladen und selbst eigene Gruppen zu gründen.

Facebook bietet jedoch nicht nur Profile für Privatpersonen an, sondern auch Profile für bekannte Persönlichkeiten, Unternehmen und Marken. Diese Kategorie wird von Facebook „Seiten" genannt.

*Exkurs: Im Facebook- Sprachgebrauch: Worin unterscheiden sich bei Facebook „Seiten" von „persönlichen Chroniken"?*

*Jeder Nutzer, der sich bei Facebook registriert, hat ein Konto mit dazugehörigen Anmeldeinformationen. Jedes Konto kann eine persönliche Chronik enthalten und zur Verwaltung mehrerer Seiten verwendet werden.*

*„Persönliche Chroniken" sind ausschließlich für den persönlichen und nichtkommerziellen Gebrauch bestimmt. Sie repräsentieren Einzelpersonen und müssen unter einem individuellen Namen geführt werden.*

*„Facebook- Seiten" ähneln persönlichen Chroniken, bieten jedoch spezielle Funktionen, um Nutzer mit einem Thema zu verbinden, das sie interessiert, etwa einem Unternehmen, einer Marke, einer Organisation oder einer berühmten Persönlichkeit.*

*„Seiten" werden von Administratoren verwaltet, die eine eigene Chronik haben. Seiten sind keine separaten Facebook- Konten und haben deshalb auch keine separaten Anmeldeinformationen, die sich von denen für deine Chronik unterscheiden.*

*Jetzt nochmals verständlich zum Unterschied zwischen Privat- und Unternehmenskonto:*

- *Der Normalfall der Facebook-Nutzung ist das Privatkonto, über das sich eine Person auf Facebook registriert. Untrennbar mit diesem Privatkonto verbunden ist ein sog. Profil. Dieses Profil kann zwar nicht gelöscht, aber „unsichtbar" gestellt werden.*

- *Das Unternehmenskonto wiederum weist gar kein Profil auf, sondern dient nur dem Erstellen der sog. „Fanseite" für das Unternehmen. Es eignet sich insbes. dazu, um Facebook „Fanseiten" zu verwalten und für diese auch Werbung zu schalten. Jedoch entfallen bei dieser Profilart sämtliche Standardfunktionen eines privaten Profils.*

Bereits vorab ein Hinweis: Gerade bei kleineren Unternehmen, die schnell auf den Social- Media- Zug aufspringen wollen, wird immer wieder der Fehler gemacht, dass ein privates Facebook- Profil im Namen des Unternehmens angelegt wird. Diese Entscheidung kann einige Nachteile beinhalten: So ist für alle Unternehmen, Organisationen, Institutionen, Marken, Künstler, etc. eine Facebook- „Seite" nicht nur rechtlich richtig, sondern auch wegen ihrer technischen Überlegenheit gegenüber einem „normalen" Profil fast immer vorzuziehen.

*Dazu nachfolgend ein Vergleich: Die Vorteile der privaten Chronik bestehen darin, dass*

- *sie persönlicher wirkt,*

- *manche Kunden lieber Kontakt über eine private und persönliche „Freundschaftsanfrage" aufnehmen.*

*Die Nachteile der privaten Chronik bestehen in Limitierungen:*

- *Maximal 5.000 „Freunde",*

- *Alle Freundschaftsanfragen müssen einzeln beantwortet werden,*

- *Keine Möglichkeit, Werbeanzeigen zu schalten,*

- *Keine Möglichkeit, sich Statistiken zu Ihrer Seite anzeigen zu lassen.*

- *Probleme, der Impressumspflicht korrekt nachzukommen.*

*Nach meinem Verständnis sind die Facebook- Nutzungsbedingungen dahingehend eindeutig, dass private Profilseiten nicht kommerziell genutzt werden dürfen.*

*Die Vorteile der sog. Facebook- Unternehmensseite bestehen darin, dass*

- *Ihr Unternehmen unendlich viele „Fans" haben darf,,*

- *„Fan"- Anfragen automatisch beantwortet werden,*

- *die Seite individuell gestaltet werden kann,*

- *es zusätzliche Funktionen gibt (z.B. Nutzung von Drittanbieter- Diensten, Anzeigenschaltungen, Statistiken),*

- *sog. „Tabs" genutzt werden können.*

*Da ich keine Nachteile bzgl. der Unternehmens- Präsenz erkennen kann, werde ich mich im weiteren Verlauf auf die Vorstellung der Unternehmens- „Seite" beschränken. Zunächst allerdings noch einige grundsätzliche Ausführungen zu Facebook.*

In Facebook wurde inzwischen auch eine standortbezogene Funktion („Facebook Places") integriert. Damit können Facebook- Nutzer anderen Usern mitteilen, wo man sich gerade aufhält. Die Facebook- App aktualisiert auf Mobilgeräten den Standort (auf Wunsch auch automatisch). Man kann ferner einsehen, an welchen Orten sich die eigenen „Freunde" aufhalten. Wer nicht verraten möchte, wo er gerade ist, kann Facebook Places ausschalten, deaktivieren oder sperren. Auch können Unternehmen standortbezogene Rabatte, Gutscheine etc. anbieten („Facebook Deals").

Facebook besitzt eine Suchfunktion, um bspw. neue „Freunde" oder Gruppen ausfindig zu machen. Seit Juni 2013 bietet Facebook zudem die Möglichkeit an, sog. Hashtags zu verwenden. *Hashtags dienen im Social- Media- Bereich dazu, um einen bestimmten Beitrag einer Gruppe weiterer Beiträge zum gleichen Thema zuzuordnen. Die Bezeichnung stammt vom Raute-Zeichen „ # ", mit dem der betreffende Begriff markiert wird.*

2008 wurde „Facebook Connect" vorgestellt. Dabei handelt es sich um eine Funktion, durch die Facebook es seinen Nutzern erlaubt, sich mit ihrem Facebook- Account auf den Seiten Dritter zu authentifizieren, um mit einer Identität auf mehreren Seiten unterwegs zu sein. Die bei Facebook gemachten Einstellungen zum Schutz der eigenen Privatsphäre bleiben dabei auch auf anderen Seiten erhalten.

In Kooperation mit Skype hat Facebook eine Funktion eingerichtet, mit der Nutzer kostenlose Videoanrufe durchführen können, insofern sie über eine Webcam verfügen. Die eigentliche Videofunktion in Facebook wird dabei von Skype zur Verfügung gestellt. Nutzer verwenden für diese Videoanrufe jedoch nicht ihr Skype- Konto, sondern müssen über das Facebook- Konto angemeldet sein. Videotelefonate können dabei nur mit den Facebook- Kontakten geführt werden. Das Gespräch läuft direkt im Browser ab.

Die sog. Messenger- „App" von Facebook erlaubt es Nutzern des sozialen Netzwerks, mit ihren Facebook- „Freunden" und Handy-Kontakten zu chatten. Mit dem "Facebook Messenger" sind nicht nur einzelne Facebook- „Freunde" erreichbar, sondern es können auch sog. Gruppen- Chats geführt werden. Außerdem besteht die Möglichkeit, Fotos zu verschicken. Stand Januar 2014 können Nutzer mit dem Facebook- „Messenger" auch bis zu einer Minute lange Sprachnachrichten versenden oder kostenlos miteinander via „Voice Over IP" *(Telefonieren über Computernetzwerke mittels des Internet-Protokolls)* telefonieren. Voraussetzung dafür: Der Gesprächspartner muss ebenfalls den Messenger auf seinem Mobilgerät installiert haben.

Facebook stellt Entwicklern eine offene Programmierschnittstelle zur Verfügung, mit der Programme und Plug- Ins *(Soziale Plug- Ins sind Werkzeuge, die von anderen Websites verwendet werden können, um Nutzern personalisierte Nutzererfahrungen zu ermöglichen)* geschrieben werden können. Die Facebook- Nutzer können die angebotenen Programme anschließend in ihre Profile integrieren.

Im Folgenden einige der wichtigsten sozialen Plug- Ins:

- „Gefällt mir"(„Like")- Button ,

- „Like Box",

- „Facebook Comment Box", *durch die Blogs ihre Kommentare auf Facebook auslagern können.*

Besucht nun ein Facebook- Nutzer eine beliebige Website, auf der er als Beispiel einen „Gefällt mir"- Button vorfindet, so kann er – bei Gefallen – diesen Button anklicken. Durch diesen Klick erscheint die Aktivität in der „Facebook- Timeline" *(Übersicht über den Nachrichtenverlauf)* des Nutzers und seine „Freunde" erhalten einen Einblick in seine Vorlieben. Gleichzeitig kann der Nutzer auf der Website selbst sehen, welche seiner Freunde die entsprechenden Inhalte ebenfalls durch einen Klick auf den „Gefällt mir"- Button geteilt haben.

Facebook steht wegen (angeblicher) Defizite beim Umgang mit dem Thema Datenschutz beinahe schon in einer Dauerkritik. Eine Betrachtung dieser Kritik(en) würde den Rahmen dieses Buches sprengen. Als Beispiel soll jedoch angeführt werden, dass Facebook auch von Arbeitgebern verwendet werden kann, um das Verhalten und die Aussagen ihrer Angestellten zu überprüfen. *Das Hauptproblem der Kritik besteht m. E. darin, dass in der Europäischen Union strengere Gesetze als in den Vereinigten Staaten gelten.*

Durch entsprechende Justierung der Privatsphäre- Einstellungen können Nutzer Ihre Daten vor unerwünschten „Mitlesern" verstecken. Im Wesentlichen bestehen inzwischen die folgenden Einstellmöglichkeiten:

- Vor Suchmaschinen verbergen,

- Nicht in Werbung auftauchen,

- Facebook- Geburtstagsanzeige abschalten,

- Nicht jedem zeigen, wen Sie alles kennen,

- Freundschaftsanfragen einschränken,

- Freunde in Listen kategorisieren,

- Kontrolle, wer was lesen kann,

- Kontrolle, wer in Ihre Chronik schreiben darf,

- Apps richtig einstellen,

- ...

Insbesondere kann zwischen den eigenen Kontakten, „Freunden" der eigenen „Freunde" sowie dem gesamten Facebook- Netzwerk unterschieden werden. *Die Bearbeitung der Datenschutzeinstellungen sei insbesondere auch Unternehmern angeraten, die neben der geschäftlichen Tätigkeit ein privates Profil pflegen.*

Für Unternehmen bietet Facebook vielfältige Möglichkeiten zur Selbstdarstellung und Interaktion mit den Nutzern. Wenn Sie für Ihr Unternehmen bzw. Ihre Marke(n) bloggen, twittern etc., so ist eine Facebook- Seite in jedem Fall eine sinnvolle Ergänzung. *Bereits hier ein wichtiger Tipp: Achten Sie auf die Konsistenz Ihrer diversen Profilseiten in den verschiedenen Plattformen.*

Wie erstellen Sie nun bei Facebook eine Präsenz für Ihr Unternehmen? Voraussetzung ist zunächst, dass Sie ein offizieller Vertreter Ihres Unternehmens sind bzw. von Ihrer Geschäftsleitung eine entsprechende Befugnis erhalten haben.

Achtung: Ich empfehle Ihnen dringend, bei Facebook Ihre Unternehmens- Seite nicht direkt zu erstellen, d.h. ohne zuvor ein persönliches Konto eröffnet zu haben. Sie werden dann nämlich feststellen, dass Ihre Unternehmens- Seite nicht über dieselbe Funktionalität verfügt wie eine Seite, die von einem persönlichen Konto aus verwaltet wird. *Das eigentliche Thema ist komplex und soll hier nicht vertieft werden.*

Wie gesagt sollten Sie sich bei Facebook zunächst für einen eigenen Account anmelden, bevor Sie eine Seite für Ihr Unternehmen anlegen. Dazu gehen Sie bitte auf die Seite https://de-de.facebook.com und geben Ihre Nutzerdaten ein, um sich persönlich bei Facebook zu registrieren.

Sie haben nun Ihren persönlichen Account – doch natürlich wollen Sie Ihr Unternehmen bewerben und nicht sich selbst. Um also eine neue Unternehmens- Seite in Facebook anzulegen, loggen Sie sich zunächst mit Ihren persönlichen Daten ein.

Die eigentliche Unternehmensseite richten Sie im Anschluss unter https://www.facebook.com/pages/create.php ein. Suchen Sie sich zunächst eine Seitenkategorie (z.b. lokales Unternehmen, Marke etc.) sowie eine Unterkategorie (z.b. „Industrie", „Autos & Autoteile" etc.) aus. Geben Sie nun den Namen und die Anschrift Ihres Unternehmens ein. *Wählen Sie einen Namen, der der Firma Ihres Unternehmens entspricht. Möglicherweise ist Ihr eigentlicher Firmenname bereits ausreichend, Sie können jedoch auch eine Kurzbeschreibung anhängen. Ein geschickt gewählter Name enthält bereits Schlüsselwörter, so dass Ihr Unternehmen über die interne Facebook- Suche besser gefunden wird.* Lesen Sie die „Richtlinien für Facebook-Seiten" und stimmen Sie diesen Richtlinien durch „Häkchen setzen" zu. Klicken Sie anschließend auf „Los geht´s".

Ganz wichtig: Im weiteren Verlauf der Einrichtung stellen Sie bitte die Seite zunächst auf „Nichtöffentlich". Schließlich muss niemand Ihre „Bauarbeiten" mitbekommen. Dazu klicken Sie auf „Seite bearbeiten" und wählen im Menü „Einstellungen bearbeiten" aus. Unter dem ersten Punkt lässt sich die Sichtbarkeit der Seite einstellen. Aktivieren Sie die Option „Nur Administratoren können diese Seite sehen". Bevor Ihre Unternehmenspräsenz wieder online geht, sollten zumindest die Menüs "Einstellungen", "Seiteninfo" und "Administratoraufgaben" ausgefüllt und – ganz wichtig – ein Impressum eingefügt werden.

Bei erstmaliger Einrichtung Ihrer Unternehmens- Seite sollte Facebook Ihnen nach dem Login einen Assistenten anbieten, der die folgenden vier Reiter aufweist: „Info" > „Profilbild" > „Zu Favoriten hinzufügen" > „Erreiche mehr Nutzer". Geben Sie hier die folgenden Informationen ein, um Ihre Seite einzurichten:

- Je nach Abhängigkeit von der Art der Seite kann es vorkommen, dass weitere Kategorien hinzugefügt werden sollen, um den Rang in Suchergebnissen zu optimieren.

- Fügen Sie eine aussagekräftige Beschreibung mit grundlegenden Informationen ein.

- Geben Sie Ihre Unternehmens- Website und eventuelle andere Seiten (z.B. Twitter) an.

- Beantworten Sie die eine oder andere Frage zu Ihrer Seite (Ja/Nein- Auswahl).

- Unter Umständen werden Sie gefragt, ob Ihre Seite die offizielle Darstellung Ihres Unternehmens bzw. Ihrer Marke sein soll/darf.

Zum Abschluss betätigen Sie den Button „Info speichern".

Haben Sie diese Prozess- Schritte abgeschlossen, so beginnt die eigentliche Arbeit. Es gilt nämlich sowohl einige administrative Vorarbeiten zu leisten als auch die eigene Seite „mit Leben" zu füllen". Dazu nachfolgend einige Tipps:

- Änderungen an Ihrer Unternehmensseite nehmen Sie im „Administrationsbereich" vor. Dort können Sie unter „Seite bearbeiten" die „Seiteninfo aktualisieren", Ihre „Einstellungen bearbeiten" und die „Administratorrechte" verwalten.

- Um Reiter (bzw. Tabs) wie „Fotos", „Links" oder „Notizen" bearbeiten zu können, klicken Sie zunächst auf den Button „Startseite". Auf der folgenden Seite sollten Sie dann in der linken Spalte die entsprechenden Reiter vorfinden. *Nicht genutzte Reiter sollten Sie entfernen.*

- Richten Sie bitte weitere Administratoren für den Fall ein, dass Sie einmal verhindert sein sollten. Diese Einstellungen können unter „Seite bearbeiten", dann unter „Administratorrechte verwalten" vorgenommen werden.

- Passen Sie unbedingt die URL *(Pfad zu Ihrer Seite)* an und registrieren Sie eine URL mit Ihrem Namen bzw. Firmennamen. Die URL wird nämlich zunächst – unvorteilhaft – von Facebook vorgegeben. Sobald Sie jedoch 25 „Fans" gewonnen haben, können Sie die URL abändern *(„Vanity"- URL)*. Von dieser Möglichkeit sollten Sie Gebrauch machen, insbes. um eine firmenbezogene und einprägsame URL auf Ihren Visitenkarten etc. angeben zu können.

- Hinzufügen eines Profilbildes zu Ihrer Unternehmenspräsenz: Wählen Sie ein Bild aus, das Ihr Unternehmen repräsentiert. Idealerweise ist dort auch der Namen Ihres Unternehmens zu sehen. Um Ihr Profilbild auf Facebook richtig zur Geltung zu bringen, sollten Sie es in der optimalen Größe beziehungsweise im richtigen Format hochladen. Da der Rahmen für das Profilbild auf Ihrer Facebook- Seite quadratisch ist, sollte auch Ihr Profilbild quadratisch sein. Ob es dabei 300×300 Pixel oder

600×600 Pixel groß ist, ist letztendlich unerheblich. Facebook skaliert das Bild für Sie automatisch auf die maximale Größe oder aber Sie wählen einen Ausschnitt in der maximalen Größe aus. Das Bild sollte jedoch nicht kleiner als 200×200 Pixel sein, da die Qualität ansonsten zu schlecht ausfällt. Zum Ersetzen fahren Sie mit der Maus über Ihr bisheriges Profilbild und klicken dann auf "Profilbild bearbeiten". Jetzt können Sie ein bereits vorhandenes Foto auswählen oder ein neues hochladen. Ist das erledigt, so können Sie den Bildausschnitt direkt verändern. Achten Sie bei der Auswahl darauf, dass ein Ausschnitt des Bildes bei Ihren Einträgen auf der Facebook-Seite als Icon angezeigt wird. *Meiner Meinung nach sollten insbesondere Freiberufler, die mehrere Plattformen nutzen, bei Profilbildern auf Wiedererkennungswert achten – und zwar über die verschiedenen Plattformen hinweg.*

- Unterhalb Ihres Profilbildes finden Sie ein kleines Textfeld („Kurze Beschreibung"), in das Sie einen Leitspruch, einen Link oder einen Willkommens- Gruß platzieren können.

- Im Bereich „Info" sollten Sie unter „Ausführliche Beschreibung" Ihr Unternehmen und Ihre Marke(n) detailliert vorstellen. Unter „Produkte" können Sie Ihre Produkt- und Dienstleistungspalette zeigen: Dabei sollte auf den ersten Blick zu erkennen sein, wofür Ihr Unternehmen steht. Dies können Sie über Fotos, Videos oder Texte erreichen. *Falls Sie Fotos und Videos hochgeladen haben, so ergänzen Sie diese bitte mit kurzen Text-Informationen. Verwenden Sie bspw. nicht Bild_001.jpg, sondern besser Headhunter_Alexander_Sprick.jpg. Derartige Texte sind relevant für die Suche.* Stellen Sie dabei die Einzigartigkeit gegenüber ihren Wettbewerbern heraus.

- Stellen Sie unter „Info" doch auch diejenigen Mitarbeiter vor, die Ihre Facebook- Seite betreuen.

- Facebook-Nutzer legen Wert auf multimediale Inhalte und Interaktion. Nutzen Sie deshalb die Möglichkeiten, die Ihnen Facebook an die Hand gibt. Visualisieren Sie! Bestücken Sie Ihre Fotoalben mit Fotos Ihrer Produkte und laden Sie Videos von Aktionen Ihres Unternehmens hoch. *Am Rande: Achten Sie darauf, dass Ihre Fotos nicht zu groß sind. Insbesondere User in ländlichen Räumen haben noch immer langsame Internetverbindungen. Kleine Bilddateien sind für Websites vollkommen ausreichend und ziehen die Ladezeiten für Nutzer mit langsamen Verbindungen nicht allzu sehr in die Länge.*

- Mittelständische Unternehmen und Freiberufler sollten sich und Ihre Mitarbeiter vorstellen. Gerade kleine und mittelgroße Unternehmen können stark von Kundennähe profitieren. Zeigen Sie die Gesichter, die hinter Ihrem (und für Ihr) Unternehmen stehen. Mittelständlern empfehle ich, gerade nicht auf die fremden „Business"- Gesichter zurückzugreifen, die Fotoagenturen bereitstellen. Vergessen Sie nicht, auch Ihre Außendienstler und Handelsvertreter mit aufzunehmen! Nutzer wollen mit echten Menschen kommunizieren, nicht mit anonymen Marken.

- Geben Sie bitte Ihre Kontaktinformationen vollständig an (*Ihre Facebook- Seite soll Ihrem Unternehmen ja die Gewinnung neuer Kundenkontakte ermöglichen, sie soll als Visitenkarte und zugleich als Marketing- Plattform dienen*). und tragen Sie unter „Website" auch den Link zu Ihrer Unternehmens- Website ein. Setzen Sie umgekehrt Verlinkungen von Ihrer Unternehmens-Website zu Facebook – insbesondere, wenn sie dort interessante Aktionen durchführen.

- Der Reiter „Notizen" dient als „Tafel", auf der Sie Ankündigungen machen können. Diese sind für alle Facebook-Nutzer einsehbar. Sie können diese Funktion bspw. für Termine oder wichtige Bekanntmachungen nutzen, insbesondere für den Fall, dass letztere nicht auf Ihrer täglich aktualisierten Pinnwand untergehen sollen.

- Anwendungen (sog. „Apps") hinzufügen: Zum Hinzufügen einer oder mehrerer Anwendungen gehen Sie auf „Seite bearbeiten", „Einstellungen bearbeiten", „Mehr" und „Apps". Haben Sie eine Anwendung ausgewählt, so klicken Sie bitte auf „Anwendung hinzufügen". Anschließend lässt sich die Anwendung in Ihren Einstellungen bearbeiten. *Exkurs: Da für gewerbliche und freiberufliche Zwecke auf Facebook zwingend ein Impressum eingebunden sein muss, bieten einige Anbieter die Erstellung des Impressums über eine „Tab- Erstellungs- App" an. Dies kann durchaus sinnvoll sein, wobei zu bedenken ist, dass (Stand: Januar 2014) Facebook- Tabs auf mobilen Endgeräten nicht dargestellt werden können, so dass das Impressum dort nicht erscheinen würde, was wiederum ein ernsthaftes Problem wäre.*

- Erhöhen Sie Ihre Reichweite, indem Sie die in Ihrem Unternehmen verwendeten Plattformen miteinander verknüpfen. Als Beispiel können Sie Ihre Facebook- Seite auch mit dem Business- Netzwerk XING verlinken. Oder Sie leiten Ihre Blogbeiträge automatisch an Ihre Facebook- Pinnwand weiter.

Im nächsten Schritt sollten Sie Ihre Facebook Unternehmenspräsenz publik machen. Mehr Besucher bringen mehr Traffic, mehr „Likes", eine größere Wahrnehmung und – hoffentlich – auch mehr Umsatz und Image. Hier einige bewährte Vorschläge, die meines Erachtens für die meisten mittelständischen Unternehmen, Handwerksbetriebe und Freiberufler umsetzbar sein sollten:

- Nehmen Sie Ihre Facebook- Adresse auf Briefpapier, Visitenkarten etc. auf. Verwenden Sie aber nicht die originäre URL, sondern die von Ihnen für Ihre Unternehmenszwecke abgewandelte URL. *Siehe dazu meine Anmerkung oben.*

- Betreiben Sie Mundpropaganda, bspw. in Ihrem Friseursalon, Restaurant etc. Legen Sie auch kleine Kärtchen aus.

- Ergänzen Sie in Ihrem Unternehmen einheitlich sämtliche E-Mail- Signaturen der Mitarbeiter um den Link, der zu Ihrer Facebook- Seite führt.

- Nutzen Sie Ihre anderen sozialen Netzwerke: Twittern Sie bspw. Ihre neue Facebook- Seite! Verfassen Sie einen Blogbeitrag dazu.

- Installieren Sie Facebook- Plug- Ins auf Ihrer Unternehmens-Website, Ihrem Blog oder Online- Shop. *Achtung: Bei Verwendung von Social Plug- Ins müssen Sie Ihre Datenschutzrichtlinien anpassen.*

- Laden Sie Ihre Geschäftspartner, Mitarbeiter und Freunde bspw. über einen Eintrag an der „Pinnwand" dazu ein, auch „Fan" Ihrer Unternehmensseite zu werden. Dies wird über den „Gefällt mir" (Like)- Button ermöglicht.

- Konzentrieren Sie sich auf gezielte und persönliche Einladungen. Vermeiden Sie auch hier Aufdringlichkeit. Früher oder später wird der sog. „Tipping Point" *(deutsch: Umkipp- Punkt)* erreicht, an dem sich das Interesse an Ihrem Unternehmen verselbständigt.

- Bedanken Sie sich bitte unbedingt bei denjenigen Nutzern, die Ihre „Fans" werden. Auch ein kleines Geschenk (z.B. ein Coupon) könnte angebracht sein.

- Sowohl im B2B- als auch im B2C- Bereich sollten Sie versuchen, andere Nutzer auf Ihre Seite aufmerksam machen, indem Sie attraktive Angebote (z.B. Gutscheine, vergünstige Messe- Tickets etc.) erstellen. *Bevor Sie Gewinnspiele anbieten, sollten Sie jedoch unbedingt die Geschäftsbedingungen von Facebook (in aktuellster Form!) studieren. Nicht jede Form von Gewinnspielen ist nämlich erlaubt.*

- Updaten Sie bitte regelmäßig Ihre Statusnachrichten! All Ihre „Fans" können letztere verfolgen. Stellen Sie sicher, dass diese interessant sind und Neugierde wecken.

- Bieten Sie Ihren Besuchern einen Mehrwert (Zusatzinformationen etc.) an, damit letztere bei Ihnen verweilen und wiederkommen. Bedenken Sie, dass alle Ihre Beiträge zu Ihrem Unternehmens- Auftritt passen sollten. Manche Unternehmen bieten ihren Facebook- „Fans" auch bestimmte Sonderaktionen an, die diese nur auf der eigentlichen Facebook-Präsenz und nicht auf der Website des Unternehmens erhalten können.

- Posten Sie nicht, wenn Sie Zeit haben, sondern dann, wenn die „Fans" Zeit für Ihre Informationen haben. „Fans" sind auf Facebook vor allem in ihrer Freizeit oder zu Randzeiten aktiv: Entsprechend sind die besten Zeiten früh morgens, kurz vor Mittag oder gegen Feierabend.

- Fördern Sie Interaktion, indem Sie Fragen stellen. Fordern Sie Reaktionen Ihrer Besucher heraus. *Fragen Sie ruhig gelegentlich Ihre „Fans", ob ihnen der Beitrag x gefallen hat und ob sie auf den "Gefällt-mir"- Button klicken möchten. Oder bitten Sie Ihre Besucher bspw. um Hilfe beim Design eines neuen Produktes. Wichtig: Belohnen Sie deren Engagement. Auch hier gilt: Kommunizieren Sie mit Ihren Kunden, als ob Sie diesen persönlich gegenüberstünden.*

- „Nur" viele „Freunde" zu haben, reicht nicht aus. Pflegen Sie Ihre Kontakte: Kommunizieren Sie, „posten" und helfen Sie, wo immer Sie können. *Falls bspw. einer Ihrer Kontakte eine interessante Statusnachricht gepostet hat, so reagieren Sie darauf. Ihr Unternehmen wirkt dadurch freundlicher und offener. Dabei sollten Sie lediglich auf wirklich relevante Neuigkeiten reagieren und nicht nur einen einfachen Klick auf den „Like"-Button hinterlassen.*

- Für den Fall, dass Besucher Ihre Fotoalben, Neuigkeiten etc. kommentieren, sollten Sie diesen eine kurze Antwort geben. Lassen Sie Bewertungen zu und nutzen Sie Ihre Seite zur Interaktion. Bieten Sie Besuchern grundsätzlich die Möglichkeit, eigene Inhalte auf Ihrer Seite zu veröffentlichen. Bedenken Sie jedoch, dass die Inhalte anderer Nutzer – insbes. unter rechtlichen Gesichtspunkten – zeitnah kontrolliert werden müssen. *Gegen Schimpfwörter hilft das Einschalten einer sog. Blockier- Liste.*

- Engagieren Sie sich bei Facebook in für Ihre Zielgruppe relevanten Gruppen und beteiligen Sie sich dort fachlich kompetent an Diskussionen. Suchen Sie insbes. andere Facebook- Seiten zu Ihrem Themenkomplex und kommentieren Sie dort – mit interessanten Inhalten, Links etc. Versuchen Sie, bei passenden Inhalten auf Ihre Seite hinzuweisen. Aber bitte nicht zu aufdringlich oder häufig *(Spam!)*.

- Schalten Sie unter „Publikum erweitern" und dann „Eine Werbeanzeige erstellen" selbst Werbeanzeigen. Beobachten Sie jedoch das Preis- Leistungs- Verhältnis!

Sorgen Sie nach der Einrichtung Ihrer Facebook- Unternehmenspräsenz dafür, dass Ihr Unternehmen auf Anfragen zeitnah reagieren kann/wird. Halten Sie Ihre Beiträge aktuell! Aktualisieren Sie insbesondere regelmäßig Ihren Status. Nichts ist Schlimmer als eine „verwaiste" Facebook- Seite mit „Uralt"- Einträgen.

Werten Sie regelmäßig die von Facebook zur Verfügung gestellten Statistiken aus. Sie finden diese Übersicht unter „Startseite" und dann unter „Statistiken". *Allerdings benötigen Sie zunächst eine bestimmte Anzahl an „Gefällt mir"- Angaben, um Zugriff auf diese Statistiken zu erhalten.* Durch die Auswertung erhalten Sie Aufschluss über zahlreiche Größen, z.B. bezüglich der demographischen Daten Ihrer Nutzer. Mit Hilfe eines anderes Tools, nämlich „Google Analytics" können Sie feststellen, welche Stichworte Besucher auf Ihre Facebook-Seite geführt haben, wie lange der jeweilige Besucher auf Ihrer Seite geblieben ist und von welcher Website er zu Ihnen gefunden hat. „Google Analytics wird" in Kapitel 5 dieses Buches erläutert.

Bezüglich der rechtlichen Verpflichtungen, denen Unternehmen und Freiberufler bei der Verwendung von Facebook in Deutschland unterworfen sind, gestatte ich mir an dieser Stelle einen Hinweis auf einen Artikel, den ich in dem inoffiziellen Facebook- Blog www.allfacebook.de entdeckt habe. In diesem Beitrag aus dem Dezember 2013 veranschaulicht Herr Rechtsanwalt Thomas Schwenke unter *http://allfacebook.de/policy/update-nach-designaenderungen-anleitung-zum-sicheren-facebook-impressum* die Möglichkeiten, die Facebook aktuell anbietet, um ein Impressum korrekt zu platzieren. Das eigentliche Problem ist dabei ein technisches. So weicht die Darstellung auf mobilen Geräten erheblich von der Desktop- Darstellung ab. Auch auf Mobilgeräten ist das Impressum jedoch zwingend anzuzeigen. Da Facebook gelegentlich das Design seiner Seiten modifiziert, stellt dieser Beitrag den Stand Dezember 2013 dar. Bezüglich der Datenschutz-Erklärung zu Facebook sei zum wiederholten Male auf den Datenschutz-Generator, den Herr Rechtsanwalt Schwenke auf seiner Website www.rechtsanwalt-schwenke.de bzw. www.datenschutz-generator.de bereitstellt, verwiesen.

An dieser Stelle soll – insbesondere aufgrund der großen Unkenntnis – ein weiterführender Link zu den Facebook-Nutzungsbedingungen und Richtlinien angegeben werden. *Inzwischen hat Facebook diese „Spielregeln" übersichtlich an einem Platz zusammengeführt: https://www.facebook.com/policies*

Bitte machen Sie sich als Unternehmer oder Freiberufler die Mühe, sich diese „Spielregeln" einmal im Detail anzuschauen, damit Ihr Auftritt juristisch einwandfrei gestaltet ist.

Zum Abschluss: Meiner Meinung nach dürfte sich auch bei Facebook ein rascher Erfolg in den meisten Fällen nicht realisieren lassen. So kostet es Zeit, Arbeit und ein gewisses „Stehvermögen", eine Community aufzubauen. Bleiben Sie deshalb geduldig und ausdauernd. Und freuen Sie sich über neugewonnene „Fans", denn jeder Markenbotschafter kann am Ende zur Kundengewinnung beitragen.

## 4.5 Business-Netzwerke: XING

Eines der wichtigsten – und am meisten unterschätzten – Netzwerke ist XING. Bei XING *(ehemals „Open Business Club")* handelt es sich um ein webbasiertes soziales Netzwerk, dass – im Gegensatz zu Facebook – vordringlich auf die Verwaltung bzw. Neugewinnung geschäftlicher Kontakte, d.h. die berufliche „Sphäre", ausgerichtet ist.

XING bietet die Möglichkeit, persönliche Kontaktdaten und den beruflichen Werdegang öffentlich zu publizieren. Es ist auch möglich, Empfehlungen und Referenzen abzugeben.

Betrieben wird die Plattform von der XING AG, Hamburg. Obwohl mehrsprachig hat XING im Raum Deutschland- Österreich- Schweiz die meisten Nutzer. So wies XING 2013 allein im deutschsprachigen Raum rund 6,7 Mio. Mitglieder auf, von denen über 60% männlich waren. Über 65% der XING- Nutzer sind zwischen 30 und 49 Jahren. Die Nutzerstruktur ist somit grundverschieden zu anderen Plattformen. Über 50% der XING- Nutzer sind in höheren Führungspositionen (ab Manager- Level) tätig.

Zielgruppen von XING sind

- berufstätige Personen, die ihr Kontaktnetzwerk pflegen können,

- Unternehmen, die sich mit Hilfe eines sog. Unternehmensprofils präsentieren können.

*Ein sog. Profil kann dabei sowohl von Einzelpersonen als auch als Unternehmensprofil angelegt werden, wobei der Fokus des Netzwerkens eindeutig auf dem Individuum liegt. Hinter jedem Unternehmen stehen letztendlich Menschen.*

Warum ist es für Unternehmer nun so wichtig, bei XING präsent zu sein? Weil viele Entscheider vor einer Auftragsvergabe bei XING nach dem Profil des Anbieters recherchieren. Dies betrifft insbesondere Freiberufler bzw. Freelancer, die zunächst einmal „unter die Lupe genommen werden".

Des Weiteren gilt hier in besonderem Maße das Prinzip: „Die Bekannten meines Kunden sind potenzielle Kunden für mich!" In der Theorie bedeutet dies, dass jeder jeden über mehrere „Grade" kennt. Durch die Transparenz der Verbindungen mit anderen Nutzern lässt sich so das eigene Kontaktnetzwerk zügig ausbauen – insbesondere da bei XING die Möglichkeit besteht, die Kontakte der bestätigten Kontakte einzusehen („Kontakte zweiten Grades"). Stellen Sie sich bitte vor, dass Ihre Kunden mit deren Bekannten über Ihr Unternehmen, dessen Produkte und/oder Dienstleistungen ins Gespräch kommen können. Deshalb: Verbinden Sie sich bei XING mit Ihren Kunden!

*Praxistipp: Aus meiner Sicht macht es am meisten Sinn, ein Netzwerk aufzubauen, bevor Sie es in Anspruch nehmen müssen! Sie sollten deshalb den Aufbau und insbesondere die Pflege Ihres Netzwerkes als längerfristigen (m. E. durchaus mehrjährigen) Prozess ansehen. Nehmen Sie die Pflege Ihres Netzwerkes in Ihre laufenden Arbeitsprozesse auf. Sie hatten einen interessanten Besucher in Ihrem Unternehmen? Kontaktieren Sie ihn über XING. Sie haben an einem interessanten Seminar teilgenommen? Nehmen Sie den Referenten in Ihr XING-Netzwerk auf.*

XING bietet einige „Community"-Funktionen wie:

- Neuigkeiten mit den eigenen Kontakten teilen,

- Jobs oder Links empfehlen,

- Suchfunktionen (z.B. nach Personen, Interessengebieten und Themen),

- Unternehmensseiten, die – in den bezahlten Versionen – interaktive Funktionen enthalten.

Daneben verfügt XING über eine Vielzahl an Fachgruppen (vorrangig zu professionellen Themen), denen ein Nutzer beitreten kann. Die XING-Gruppen haben wiederum sog. Foren, in denen Mitglieder Artikel verfassen und fachlich diskutieren können. Dabei kann das Niveau der Diskussionen durchaus als hoch bezeichnet werden. Bei einigen Gruppen muss der Beitrittswunsch zunächst durch einen sog. Gruppenmoderator „freigeschaltet" werden. Auch das Einrichten von eigenen Gruppen zu bestimmten Themen ist möglich. *Die Gruppen von XING stellen m. E. für die Zwecke des Social- Media- Marketings die wichtigste Funktion dar. Durch Ihr Engagement in diesen Gruppen mit zum Teil mehreren*

*Tausend Mitgliedern erhöhen Sie Ihre Sichtbarkeit und generieren Zugriffe auf Ihr Profil. Deshalb: Profilieren Sie sich durch Ihre Beiträge in den jeweiligen Fachgruppen als Experte auf Ihrem Gebiet!*

Praxistipp: Versuchen Sie bitte nicht, in den Foren die Kompetenz anderer User auszunutzen. Bspw. sollten Steuerberater keinesfalls um kostenlose Beratung gebeten werden.

Neben dem reinen „Online"- Angebot gibt es bei XING zahlreiche Regionalgruppen, die auch örtliche Treffen in mehreren Städten veranstalten. Nehmen Sie ruhig einmal an derartigen „Offline"- Events teil.

Derzeit (Stand: Januar 2014) werden als Mitgliedschaften eine

- kostenlose Basismitgliedschaft,

- eine kostenpflichtige Premiummitgliedschaft,

- eine kostenpflichtige Personalberater („Recruiter")- Mitgliedschaft

angeboten.

Bei XING sind die eigentliche Anmeldung und die Nutzung der Grundfunktionen kostenlos. Premiummitglieder verfügen über erweiterte Such- und Statistik- Funktionen. Des Weiteren gibt es Unterschiede bei der Nutzung der Nachrichtenfunktion. Bereits mit der kostenlosen Basismitgliedschaft lassen sich die Vorteile von XING rasch erkennen und nutzen. Personalberater haben zusätzliche Möglichkeiten zur aktiven Personalsuche und bezüglich des Kontaktmanagements.

Der eigentliche Einstieg gestaltet sich bei XING ähnlich wie bei Facebook, indem Sie ein Benutzerkonto eröffnen, bzw. sich kostenlos unter www.xing.com registrieren. Der grundsätzliche Aufbau sieht dann bei XING dergestalt aus, dass jeder angemeldete Nutzer sein Profil personalisiert, d.h. seine Daten einträgt. Dies betrifft insbes. Studium, Ausbildung und beruflichen Werdegang. Zeugnisse und Referenzen können ebenfalls eingestellt werden. Außerdem können (keine Verpflichtung) Nutzer ein Profilbild, ihre Interessen und individuelle Angaben über sich angeben. *Bedenken Sie, dass potenzielle Interessenten und/oder Geschäftspartner sich umso genauer ein Bild von Ihrer Person machen können, je mehr Informationen Sie über sich geben. Ihr Profil stellt bei XING Ihre Visitenkarte dar! Pflegen Sie Ihre Präsenz laufend und aktiv.*

*Praxistipp: Weniger aktive Nutzer legen am besten einen turnusmäßig wiederkehrenden Termin in ihrem Kalender an, der sie an die Aktualisierung Ihres Profils erinnert. Nichts ist so peinlich wie ehemalige Arbeitgeber, die noch im Profil genannt sind, obwohl Sie längst woanders tätig sind.*

Seit Juli 2013 stellt das „Portfolio" den Bereich *(m.E. den Mittelpunkt)* privater XING- Profile dar, der dazu genutzt werden kann *(und sollte!)*, die eigenen Stärken anhand von Bildern, Texten und PDF- Dokumenten professionell zu präsentieren. *Aufgrund der Relevanz und der Vielzahl an Möglichkeiten wird nachfolgend explizit auf die Erstellung eines aussagekräftigen Portfolios eingegangen.*

Zunächst einige kurze Anmerkungen dazu, was Sie inhaltlich in Ihr individuelles Portfolio aufnehmen sollten. Prinzipiell haben Sie natürlich freie Hand und sollten Ihr Portfolio nicht „überfrachten". M. E. sollten Sie darauf achten, ein klein wenig „von sich selbst preiszugeben". Schließlich wollen Sie auch Sympathiepunkte bei Ihren potenziellen Kunden sammeln. Im Rahmen Ihres Portfolios sollten Sie herausarbeiten, welchen Nutzen Sie Ihren Kunden bieten. Sie sollten Ihr „Alleinstellungsmerkmal", Ihre Unterscheidung gegenüber Ihren Wettbewerbern herausarbeiten. Gehen Sie auch auf Ihre Wertvorstellungen ein. Stellen Sie Ihre Serviceangebote und besondere Aktionen vor. Auch Referenzen könnten hier platziert werden.

Im Rahmen des neuen Portfolios stellt XING seinen Mitgliedern nun auch (endlich) ein Impressumsfeld zur Verfügung, welches unbedingt genutzt werden sollte, wenn eine Impressumspflicht im Sinne des Telemediengesetzes („Geschäftsmäßige Nutzung") gegeben ist (was bei der Zielgruppe dieses Buches – Unternehmern und Freiberuflern – durchgängig der Fall sein dürfte).

Abschließend: Vergessen Sie nicht, relevante Keywords und Synonyme für die Suchmaschinen einzufügen.

*Praxistipp: Gerade bei der Basis- Mitgliedschaft empfiehlt es sich, das Portfolio gleich als Erstes anzeigen zu lassen. So kreiert das eigene Profil gleich beim ersten Anklicken einen Mehrwert. Sie können dies unter „Einstellungen", „Privatsphäre" und „Das Portfolio als Erstes anzeigen" festlegen.*

Im Rahmen des Portfolios können Nutzer sog. Module anlegen und diese nach Belieben anordnen. Zur individuellen Gestaltung Ihres Portfolios klicken Sie auf "Etwas hinzufügen" und wählen dann aus, ob Sie ein Textelement, ein Bildelement, oder ein PDF- Element hinzufügen möchten. Im Prinzip handelt es sich beim Portfolio um ein individuell zu gestaltendes Baukastensystem.

Sie können Bilder der Formate JPG, PNG und BMP (jeweils nicht größer als 5 MB) hoch laden, indem Sie im Portfolio auf "Etwas hinzufügen" klicken, anschließend "Bild hochladen" wählen und im daraufhin erscheinenden Menü die gewünschte Bilddatei auswählen. Danach sollten Sie das hochgeladene Bild sehen. Sie können nun mit Ihrer Maus den Bildausschnitt bestimmen, den Sie anzeigen möchten. Im nächsten Schritt sollten Sie unbedingt noch eine Bildüberschrift und -beschreibung hinterlegen. Klicken Sie anschließend auf "Speichern". Vorhandene Bildmodule können Sie mit gedrückter Maustaste auf eine andere Position verschieben. Wenn Sie mit der Maus über ein Modul fahren, erscheint oben rechts ein Pfeil. Klicken Sie diesen Pfeil, um Optionen zum Bearbeiten, Löschen oder zum Vergrößern bzw. Verkleinern des Bildmoduls zu sehen. Bei der Zusammenstellung Ihrer Bilder sollten Sie die folgenden Design- Regeln beachten, damit das Gesamt-Erscheinungsbild homogen wirkt:

- Verwendung qualitativ hochwertiger Bilder bzw. Fotos,

- Bearbeitung Ihres Bildes (Größe, Schärfe etc.),

- Vermischung von Grafiken und Fotos vermeiden,

- Einhaltung einer gewissen farblichen Harmonie,

- Vermeidung mehrerer Bildformate.

Grundsätzlich ist es bei XING sinnvoll, bei der Bildbearbeitung dafür Sorge zu tragen, dass das Bild quadratisch wirkt, um Unruhe im Gesamtbild zu vermeiden.

Sie können nahezu alles, was Sie per Text darstellen, natürlich auch mit Fotos oder Grafiken visualisieren.

Videos können an dieser Stelle nicht hochgeladen werden, aber man kann sich bspw. mit einem zu einem Video verlinkten Screenshot eines Videos behelfen.

Wollen Sie hingegen lediglich Text hinzufügen, so klicken Sie im Portfolio auf "Etwas hinzufügen" und wählen dann "Textfeld einfügen". Sie können nun eine Überschrift sowie eine Beschreibung eingeben. Klicken Sie auf das kleine "i"-Symbol, um sich Formatierungsoptionen für Ihren Text anzeigen zu lassen. Beenden Sie auch diese Eingabe mit einem Klick auf "Speichern". Vorhandene Textmodule erstrecken sich immer über die gesamte Breite des Portfolios. Sie können sie mit gedrückter Maustaste nach oben bzw. unten auf eine gewünschte Position verschieben. Wenn Sie mit der Maus über ein Textmodul fahren, erscheint oben rechts ein Pfeil. Klicken Sie ihn, um Optionen zum Bearbeiten oder Löschen des Textmoduls zu sehen. Ich empfehle Ihnen beim Verfassen Ihres Textes, prägnant und einfach zu formulieren. Verwenden Sie

- Zwischenüberschriften,

- kurze Wörter,

- kurze Sätze,

- kurze Absätze.

PDF- Dokumente laden Sie hoch, indem Sie im Portfolio auf "Etwas hinzufügen" klicken und dann "PDF hochladen" wählen. Im nun erscheinenden Menü wählen Sie bitte die gewünschte Datei aus. Vorhandene PDF- Module können Sie mit gedrückter Maustaste auf eine andere Position verschieben. Wenn Sie mit der Maus über ein Modul fahren, erscheint oben rechts ein Pfeil. Klicken Sie diesen Pfeil, um Optionen zum Löschen des Moduls oder zum Herunterladen des Dokuments zu sehen. Im Rahmen des PDF- Elements haben Sie keine nennenswerten Gestaltungsmöglichkeiten. Worin könnten nun inhaltlich Ihre PDFs bestehen, die Sie Ihren Lesern zum Download anbieten? Als Beispiele fallen mir ein:

- Kurzportrait Ihrer Person,

- Lebenslauf,

- Referenzen,

- Arbeitsproben,

- Ihre Publikationen,

- Imagebroschüre,

- Event- Ankündigungen,

- Flyer,

- Produkt-, Leistungs- oder Preiskatalog in Kurzform.

Wenn Sie Ihr Portfolio mit den Text-, Bild- und PDF-Blöcken erstellt haben, so können Sie die Reihenfolge der einzelnen Module per „Drag and Drop" *(deutsch: „Ziehen und Ablegen" - Eine Methode zur Bedienung grafischer Benutzeroberflächen durch das Bewegen grafischer Elemente)* zurechtschieben.

*Praxistipp: Ordnen Sie die Textblöcke nach der Wichtigkeit und schieben Sie die Bildblöcke als optische Auflockerung dazwischen.*

Ihre XING- Kontakte sind XING- Mitglieder, mit denen Sie dauerhaft Kontakt halten möchten. So werden Sie regelmäßig über deren „Neuigkeiten" in Kenntnis gesetzt. Interessieren Sie sich für ein bestimmtes XING- Mitglied und möchten Sie es kontaktieren, so können Sie diesem Benutzer eine sog. Kontaktanfrage senden. Klicken Sie dazu auf der Profilseite des Mitgliedes auf die Option "Als Kontakt hinzufügen". Sie sollten Ihrer Kontaktanfrage eine persönliche Nachricht hinzufügen. Das Mitglied wird daraufhin umgehend über Ihre Anfrage benachrichtigt. Zur erfolgreichen Kontaktaufnahme ist es notwendig, dass Ihr Kontaktwunsch auch von der Gegenseite bestätigt wird. Nach erfolgreicher Bestätigung kann der Benutzer frei entscheiden, welche Informationen aus seinem Profil er Ihnen freigibt. Zusätzlich besteht die Möglichkeit, Kategorien für die Kontakte einzurichten (z. B. Privat, Kunde etc.), um den jeweiligen Kontakt später rasch wiederzufinden. Sollten Sie bestimmte Notizen zu Ihrem Kontakt verfassen wollen, so bietet XING auf der jeweiligen Profilseite ein entsprechendes Notizfeld. Wichtig: Diese Notizen sind nur für Sie selbst sichtbar.

*Praxistipp: Personalisieren Sie Ihre Anfrage und gehen Sie auf die Angaben ein, die das Mitglied unter "Ich biete" bzw. "Ich suche" gemacht hat. Verschicken Sie keinesfalls „Massenanfragen".*

Ihre XING- Kontakte unterscheiden sich u.a. in den folgenden Punkten von anderen XING- Mitgliedern:

- Sie können Ihren Kontakten Nachrichten über XING schreiben *(Nicht- Kontakte können Sie nur als Premium- Mitglied kontaktieren)*.

- Sie können für jeden Kontakt einzeln einstellen, welche Ihrer persönlichen Daten er sehen darf.

- Auf Ihrer eigenen Startseite werden Sie über "Neuigkeiten" Ihrer Kontakte informiert.

*Praxistipp: Sollten Sie einmal eine Kontaktanfrage nicht annehmen wollen, so empfehle ich Ihnen, trotzdem zu antworten. Als Grund könnten Sie bspw. angeben, dass Sie diese Präsenz nur dazu nutzen, Kontakte zu vertiefen, die Sie bereits im „wirklichen Leben" persönlich kennengelernt haben.*

Übrigens: Wie im richtigen Leben können Sie Ihren Kontakt auch wieder beenden, d.h. „löschen".

XING-Nutzer können

- über die integrierte Messagingfunktion im eigenen Kontaktnetzwerk erreicht werden. (*Jeder angemeldete Benutzer von XING verfügt über ein eigenes Postfach, welches nur über das XING- Portal zugänglich ist. Daneben können Nutzer auch direkt Funktionen der Instant- Messaging- und VoIP-Software Skype aufrufen*).

- Fachpersonal suchen,

- Stellenangebote einstellen. *Die Kosten von Stellenanzeigen werden bei XING nicht nach Pauschalen berechnet, sondern danach, wie häufig sie von anderen Nutzern aufgerufen wurden („Pay- per- Click"). Alternativ wird ein Festpreismodell angeboten.*

- Veranstaltungen organisieren,

- mobile Applikationen nutzen *(Die Zukunft der sozialen Medien ist durch Mobilität geprägt)*,

- Ihr Netzwerk unterwegs oder in Meetings durch Nutzung des „mobilen Handshakes" einfach erweitern. *Praxistipp: Stellen Sie die Standortfunktion Ihres Mobiltelefons an und klicken Sie auf das „Handshake"- Icon (griech.: Bild) in Ihrer XING- Handy-App. Jetzt sollten Ihnen alle XING- Mitglieder in Ihrer Nähe angezeigt werden, die diese Funktion ebenfalls gerade gestartet haben. Sie können nun die gewünschte Person als Kontakt hinzufügen.*

*Praxistipp: Seien Sie bei XING bitte stets professionell. Wenn Sie mit anderen Menschen interagieren, sollten Sie Ironie, Sarkasmus oder Verbissenheit vermeiden. Dies gilt insbesondere in „öffentlichen Räumen" wie bspw. Gruppen.*

Unternehmen wird bei XING die Möglichkeit geboten, ein sog. Unternehmensprofil anzulegen. Meines Erachtens sollten kleine und mittelständische Unternehmen sowie Handwerksbetriebe diese Möglichkeit nutzen, um sich gegenüber Ihren Kunden, Interessenten oder Bewerbern „ins rechte Licht" zu rücken. *Dies gilt insbesondere für Unternehmen in ländlichen bzw. strukturarmen Regionen, da diese oftmals über Fachkräftemangel klagen.* Ich rate jedoch an, zunächst das Gratis- Unternehmensprofil auszuprobieren und nicht das kostenpflichtige „Employer- Branding"- Profil einzurichten. Das Gratis-Unternehmensprofil weist bereits die folgenden Grundfunktionen des sog. Employer- Branding- Profils auf:

- Kostenlose Präsenz als Arbeitgeber auf XING,

- "Über uns"- Seite und eigenes Logo,

- Anzeige Ihrer aktuellen XING-Stellenangebote, *sofern diese kostenpflichtig auf der XING- Jobbörse ausgeschrieben sind,*

- Automatisch generierte Mitarbeiterliste,

- Unternehmens- Neuigkeiten schreiben.

Für die Zielgruppe dieses Buches dürfte das Gratis- Unternehmensprofil vollkommen ausreichend sein. Größere mittelständische Unternehmen sollte jedoch über das sog. Employer- Branding- Profil nachdenken, das ich Ihnen nachfolgend vorstelle.

Sollte sich Ihr Unternehmen für das Employer- Branding- Profil entscheiden, so richtet sich die Preisgestaltung von XING nach der Anzahl Ihrer Mitarbeiter. Bei 1 - 199 Mitarbeitern kostet dieses Profil (Stand: Januar 2014) monatlich 395,00 EUR. Das Employer- Branding-Profil weist den folgenden Funktionsumfang auf:

- Detaillierte Arbeitgeber- Infos inklusive Unternehmenslogo,

- Darstellung von Tochtergesellschaften und Partnern des Unternehmens auf XING,

- Automatisch generierte Mitarbeiterliste auf XING,

- Möglichkeit zur Einbindung von Videos, Bildern, Präsentationen etc.,

- Angabe von Ansprechpartnern und Informationen für Bewerber,

- Veröffentlichung von Neuigkeiten Ihres Unternehmens,

- Arbeitgeberleistungen,

- Arbeitgeberbewertungen,

- Einblendung von Stellenanzeigen auf dem eigenen Employer- Branding- Profil,

- Werbung für Ihr Unternehmen auf Mitbewerber- Profilen („Branchen- Targeting" *[aus dem Englischen abgeleitet von Target = „Ziel"]*),

- Werbung für Ihr Unternehmen auf der „Kununu"- Startseite und in Suchergebnissen *(Das Arbeitgeberbewertungsportal „Kununu" gehört seit Anfang 2013 zu XING)*,

- Freie Verwendung gewonnener „Kununu"- Gütesiegel, z.B. "Top Company" etc.

- Spiegelung des „Kununu"- Profils auf Facebook,

- Reporting- und Statistikfunktionen,

- Frei definierbare Schlagwörter für bessere Auffindbarkeit auf XING.

Nachfolgend einige Hinweise zum Anlegen Ihres Unternehmensprofils:

1. Überprüfen Sie zunächst, ob in Ihrem privaten Profil der Name bzw. die Firmierung Ihres Unternehmens korrekt geschrieben ist. Xing verwendet nach meinem Kenntnisstand exakt die dortigen Daten für die Erstellung des Unternehmensprofils.

2. Bestätigen Sie, dass Sie seitens Ihres Unternehmens tatsächlich zur „Buchung" des Unternehmensprofils legitimiert sind. Nachdem Sie die AGB gelesen haben, setzen Sie einen entsprechenden Haken. Prüfen Sie – bevor Sie auf „Bestellen" klicken – ob Sie tatsächlich das kostenlose Profil angeklickt haben und nicht etwa ein kostenpflichtiges.

3. Sie sollten eine Nachricht erhalten haben, dass Ihr Unternehmensprofil von XING innerhalb der nächsten 48 Stunden freigeschaltet wird.

4. Trotz der Meldung unter 3. kann das neu angelegte Unternehmensprofil bereits mit Inhalten gefüllt werden. Tragen Sie die Informationen zu ihrem Unternehmen ein.

5. Neben der ausführlicheren Beschreibung Ihres Unternehmens sollten Sie nicht vergessen, ein Impressum zu platzieren.

Die eigentliche Profilerstellung ist nun abgeschlossen und Sie können darauf warten, dass das Unternehmens- Profil durch XING freigeschaltet und damit für alle sichtbar wird.

Nun sollte das neu angelegte Unternehmensprofil auch sinnvoll genutzt werden. Hierzu einige Tipps:

• Weisen Sie bitte alle Mitarbeiter Ihres Unternehmens auf das neue Unternehmensprofil hin. Wichtig ist, dass Ihre Mitarbeiter die korrekte Schreibweise des Unternehmens auch in ihren eigenen Profilen verwenden und so als Mitarbeiter auf dem Unternehmensprofil auftauchen.

• Laden Sie Kollegen, die noch nicht bei XING sind, dazu ein, dabei zu sein.

• Wird das Unternehmensprofil gepflegt und regelmäßig aktualisiert, so kann es durchaus sinnvoll sein, von der Unternehmens- Website zum Profil zu verlinken.

Da es sich bei einer Zielgruppe dieses Buches um die sog. Freiberufler handelt, möchte ich an dieser Stelle noch kurz auf die sog. Freelancer-Börse „XING Projekte" eingehen. XING- Projekte wurde im Dezember 2013 grundlegend modifiziert.

*Zunächst ist zu betonen, dass auch in vielen XING- Gruppen Projekte kostenfrei ausgeschrieben oder „Freelancer" von Projektanbietern oftmals direkt kontaktiert werden.*

Dazu stellt XING- Projekte eine interessante Alternative dar: So gestaltet sich das (zum Teil kostenpflichtige) Einstellen von Projekten überaus einfach. Darüber hinaus erhalten Freelancer automatisiert Projekt-Vorschläge oder sind alternativ dazu in der Lage, selbst nach interessanten Projekten suchen.

Für Projektanbieter bieten XING- Projekte die folgenden Funktionen:

- Benachrichtigungen von Freelancern, die sich für Projekte interessieren,

- Eine Liste der eigenen aktuellen Projektausschreibungen.

Der besondere Clou: Die Projekte können auch mit Suchmaschinen wie bspw. Google und Bing gefunden werden, wodurch sich die Reichweite signifikant erhöht.

Freiberufler erhalten Informationen zu

- Projekten, die vorgemerkt wurden,

- Projekten, an denen Interesse bekundet wurde,

- Suchaufträge, die man für seine Projektakquisition angelegt hat.

Aufgrund der Einbindung in das XING- Netzwerk besteht der große Vorteil darin, dass sich Freiberufler und Auftraggeber schon vor der eigentlichen Zusammenarbeit ein Bild voneinander machen können.

*Abschließend ein weiterer Tipp: Die Kontaktaufnahme zu neuen Kunden hat sich in den vergangenen zwanzig Jahren erheblich verändert. XING bietet Ihnen herausragende Möglichkeiten zur gezielten Identifizierung und Kontaktaufnahme potenzieller Kunden. Des Weiteren können Sie sehen, welche gemeinsamen Verbindungen bereits bestehen. Nutzen Sie diese Möglichkeiten!*

Wenn Sie bei XING auf interessante Personen treffen, so schauen Sie doch einmal nach, ob Sie sich mit diesen nicht auch auf anderen sozialen Plattformen vernetzen können.

## 4.6 Bewertungsportale

Während unsere Vorgängergenerationen insbesondere den Empfehlungen von Familienmitgliedern und Freunden vertrauten, nutzen User seit den Anfängen des Internets die Möglichkeit, sich über Meinungen und Erfahrungen „online" auszutauschen. Daraus sind spezialisierte Plattformen – sog. Bewertungs- oder Verbraucherportale – entstanden, auf denen mittels „Online"- Bewertung Einschätzungen zu Produkten, Dienstleistungen und/oder Unternehmen abgegeben werden können. Oftmals ist es auch möglich, Bewertungen bspw. in Form von *(Schul-)* Noten oder einer bestimmten Anzahl von Sternen zu vergeben. Eine derartige grafische Darstellung ermöglicht es den Lesern, sich rasch ein Bild von dem Produkt bzw. der Dienstleistung zu machen und Vergleiche mit anderen Produkten bzw. Dienstleistungen anstellen zu können. Letztendlich erlauben Bewertungsportale Menschen eine Beurteilung abzugeben, ohne dass diese expliziten Expertenstatus innehaben (müssen). Je nach Portal ist die Qualität einiger Bewertungen erstaunlich hoch und reicht durchaus an Verbraucherschutz- Institutionen heran, wobei immer bedacht werden muss, dass Verbraucher nur schwerlich dazu in Lage sind, Labormessungen durchzuführen.

Ursprünglich dienten Bewertungsportale dazu, Verbrauchern Hilfestellung bei ihrer Kaufentscheidung zu geben und die Auswahl zu erleichtern. Inzwischen werden aber auch kleine und mittelständische Unternehmen sowie Freiberufler (sogar Ärzte) bewertet. Besonders im Bereich Dienstleistung und Beratung wird heutzutage öffentlich geurteilt. Dabei entwickeln sich die „online"- basierten Portale dynamisch. Sie verändern sich – abhängig von der Größe und der Anzahl der Nutzer – nahezu in Echtzeit.

Die gebräuchlichste und unkomplizierteste Vorgehensweise, mit der Nutzer Eintragungen auf Bewertungsportalen finden, ist die Suchfunktion – bspw. über Karten (bei Restaurants) oder über Stichworte (Produktsuche). Dabei werden die Suchergebnisse oftmals nach einer Kombination aus Relevanz, Anzahl und Qualität der Bewertungen sortiert. Sog. Toplisten weisen den Nutzer bspw. auf die besten Restaurants in einer bestimmten Stadt hin. Um Angebote und Bewertungen zu suchen, brauchen sich User im Normalfall nicht bei dem jeweiligen Bewertungsportal zu „registrieren".

Während die vorgenannten Bewertungsplattformen vorwiegend von Endkunden frequentiert werden, sind sog. Foren eher dem B2B- Bereich zuzuordnen.

Warum funktioniert nun dieses Prinzip der Bewertungsportale? Weil Menschen nichts so sehr beeinflusst wie die guten (oder schlechten) Erfahrungen von anderen Menschen. Erfahrungen, über die andere berichten, genießen einen Vertrauensvorsprung vor den Werbeaussagen bzw. -botschaften, denen die Konsumenten seitens Zeitungen, Newslettern, TV oder Radio ausgesetzt sind. Sind positive Bewertungen vorhanden, so steigt die Kaufwahrscheinlichkeit. Umgekehrt können negative Bewertungen einen unmittelbaren Negativ- Effekt auf Kunden *(und letztendlich Umsatz)* eines Unternehmens aufweisen.

*Exkurs: Unternehmer sollten den folgenden Effekt beachten: Ist jemand über ein Produkt oder über eine Dienstleistung verärgert, so ist dessen Motivation hoch, eine negative Bewertung zu hinterlassen. Zufriedene Kunden machen sich selbst bei überdurchschnittlichen Leistungen selten die Mühe, darüber zu berichten.*

*Praxistipp: Aktivieren Sie diejenigen Kunden, die mit Ihrem Produkt und/oder Ihrer Dienstleistung zufrieden sind, positive Bewertungen zu verfassen. Dabei handelt es sich um die beste Werbung, die Sie erhalten können. Bedenken Sie jedoch, dass diese Bewertungen authentisch sein müssen! „Fakes" (engl.: Fälschungen) können auffallen (Bewertungsportale setzen zur Erkennung bestimmte Algorithmen ein) und dürften einen gegenteiligen Effekt nach sich ziehen. Insbes. das Anlegen fingierter Benutzerkonten (sog. „Sockenpuppen") zwecks Bewertungsabgabe sollte tunlichst unterlassen werden. Resümee: Missbrauchen Sie als Marketingverantwortlicher nicht die Bewertungsfunktion, um Ihre eigenen Produkte und/oder Dienstleistungen positiv zu besprechen, insbes. ohne sich als der Hersteller oder Serviceanbieter zu erkennen zu geben.*

Aufgrund des von den Nutzern erzeugten „Contents" *(Als „Content" werden Texte, Bilder, Videos etc. bezeichnet)* werden die Bewertungsportale im weitesten Sinne den Social- Media- Angeboten zugeordnet. Zu beachten ist insbesondere, dass sich Kundenrezensionen in den Ergebnislisten der Suchmaschinen sehr häufig auf den vorderen Plätzen finden. Außerdem werden diese Bewertungen von einer Vielzahl an Nutzern gelesen und auch weiterverbreitet. Dies geschieht vor allem in Blogs, Foren und weiteren Webportalen.

Mittlerweile gibt es eine Vielzahl an Bewertungsplattformen in unterschiedlichster Form. Da einige Portale inzwischen eine beachtliche Reichweite erlangen konnten, sollten sie von jedem Unternehmer und Freiberufler beachtet bzw. auf die Relevanz für sein „Business" geprüft werden. Bewertungsplattformen können Ihrem Unternehmen sowohl beim eigentlichen Reputationsaufbau als auch bei der „Traffic"-Generierung hilfreich sein.

Nachfolgend eine (keinesfalls vollständige) Auflistung von wichtigen Bewertungsportalen, um die Vielfalt an Portalen zu dokumentieren:

- Yelp *(Besonders relevante „Online- Community" für alle Arten von lokalen Unternehmen vom Nachtleben bis zur Dienstleistung)*

  *Das deutsche Bewertungsportal Qype wurde im November 2013 in Yelp integriert.*

  *Als Betreiber eines lokalen Unternehmens sollten Sie sich in jedem Fall bei Yelp registrieren und Ihre Unternehmensangaben vollständig ausfüllen.*

- Ciao *(Erfahrungsberichte zu nahezu allen möglichen Produkten)*

  *Unternehmens- Websites können das „Ciao Gütesiegel" einbinden.*

- Dooyoo *(Alle Produkte)*

  *Ermöglicht ebenfalls den Austausch von Produkterfahrungen.*

- Sog. Kundenrezensionen auf Amazon *(nahezu alle Produkte, jedoch streng genommen keine echte „Community")*

- Bewertungen beim Online-Auktionshaus eBay *(nahezu alle Produkte und viele Dienstleistungen).*

- Kununu *(Bewertungen zu Arbeitgebern)*

- Jameda *(Ärzte)*

  *Jameda ist eine Kombination aus „ Online"-Gesundheitsmagazin bzw. -lexikon und Arztsuche mit Bewertungsfunktion. Es gehört zur Burda- Medien- Gruppe.*

- HolidayCheck *(Urlaub)*

*Bei HolidayCheck handelt es sich um eines der größten deutschen Urlaubsbewertungsportale mit angeschlossenem „Online"- Reisebüro. HolidayCheck gehört ebenfalls zur Burda-Medien- Gruppe.*

- Autoplenum *(KFZ-Branche)*

- Bestes Handwerk *(Handwerk)*

*Am Rande: Es gibt natürlich kaum ein Social- Media- Konzept, bei dem „Kommerz" und „Community" so eng miteinander verzahnt sind, wie bei den Bewertungsplattformen. Denn nahezu alle Portale verbinden die Bewertungs- mit der „Shopping"- Funktion.*

Bereits in den allgemeinen Suchererergebnissen gängiger Suchmaschinen (z.B. Google) können Bewertungen enthalten sein. So werden schon in der Google- Ergebnisliste Beurteilungen von Nutzern durch „Sternchen"-Symbole dargestellt. Unternehmern ist anzuraten, insbesondere die Einträge bei „Google Maps" im Auge zu behalten.

Wie sollten Sie nun mit Bewertungsportalen umgehen? Und wie können Sie auf eine konstruktive Art und Weise Bewertungen für Ihr Unternehmen, Ihre Produkte und/oder Ihre Dienstleistungen ausnutzen?

- Bestimmte Bewertungsplattformen, z.B. Yelp, bieten Geschäftsinhabern die Möglichkeit, ihr Unternehmensporträt auf dem Bewertungsportal anzulegen. Yelp spricht in diesem Zusammenhang von einem sog. Geschäftsprofil, welches durch (zusätzliche) Profilinformationen vervollständigt werden kann. *Zum Hintergrund: Oft beziehen Portale Daten aus öffentlichen Verzeichnissen oder User haben Unternehmen bzw. Produkte bereits auf den Portalen angelegt, obwohl die eigentlichen Unternehmen darüber keine Kenntnis haben. Kleinen und mittelständischen Unternehmen sowie Freiberuflern empfehle ich, bei solchen Bewertungsplattformen zunächst die kostenlosen Möglichkeiten zu nutzen, eigene Profile durch zusätzliche Informationen aufzuwerten. Füllen Sie solche „Roh"- Profile unbedingt mit Leben. Dringende Empfehlung: Legen Sie stets erst einmal kostenlose „Basis"-Profile an, ehe Sie sich für kostenpflichtige Möglichkeiten entscheiden (so es sich denn um ein seriöses Portal handelt).*

- Als „örtliches" Unternehmen sollten Sie einen vertrauenswürdigen Eindruck hinterlassen. Sprechen Sie dazu die Besucher persönlich an. Geben Sie bspw. eigene Interessen preis und/oder stellen Sie Ihre Mitarbeiter in einer Fotoserie vor.

- Tragen Sie dafür Sorge, dass Ihre Einträge auf derartigen Bewertungsplattformen relevante Schlüsselwörter und einen Link zu Ihrer Unternehmens- Website enthalten.

- Verfügt Ihr Unternehmen über ein gutes Produkt, von dem Sie wirklich überzeugt sind, so sollten Sie sich Beurteilungen stellen! Ist dieses Produkt in relevanten Plattformen (noch) gar nicht vertreten, so schlagen Sie es dem jeweiligen Bewertungsportal einfach selbst zur Aufnahme in dessen Katalog vor.

- Bei Jameda können Sie als Arzt Ihre Fachkompetenz bspw. durch das Verfassen eines Fachartikels untermauern. Diese Vorgehensweise ist auch auf andere Freiberufler und Portale übertragbar.

- Bewertungen stellen eine besondere Form der externen Qualitätssicherung dar. Deshalb sollten Sie dieses „Feedback" in die Entwicklung bzw. Optimierung Ihrer Produkte integrieren. Dazu ist es auch notwendig, dass die Bewertungen den entsprechenden Fachabteilungen Ihres Unternehmens zugänglich gemacht werden. Gerade größeren Mittelständlern ist die formale Integration der Bewertungen in die Prozesskette zu empfehlen.

- Verwenden Sie Ihre positiven Bewertungen als vertrauensbildende Referenzen, bspw. durch die (auszugsweise) Angabe in Broschüren etc.

- Bedenken Sie, dass jemand, der sich die Mühe macht, eine Bewertung über Ihr Unternehmen oder dessen Produkte bzw. Dienstleistungen abzugeben, an Ihrem Unternehmen interessiert ist. Deshalb könnte beinahe von einer Art Kundenbindung gesprochen werden.

- Integrieren Sie auf Ihrer Unternehmens- Website eine Möglichkeit zur Bewertung. So dienen erhaltene positive Bewertungen dazu, neue Kunden zu gewinnen. Bei negativen Bewertungen sollten Sie darüber froh sein, dass diese auf Ihrer Website geschrieben werden und nicht irgendwo anders im Web, wo Sie keinerlei Zugriffs- und Kontrollmöglichkeiten darauf haben.

- Setzen Sie auf Ihrer Unternehmens- Website sog. Buttons ein, mit denen Ihre Besucher direkt Bewertungen auf den Verbraucherportalen abrufen können.

Mir erscheint allein die Tatsache, dass Unternehmen auf Bewertungsportalen beurteilt werden können, ohne davon Kenntnis zu erlangen, problematisch. Hinzu kommt, dass insbesondere eine geringe Anzahl an vorhandenen Bewertungen ein verzerrtes Bild der Realität abgeben (kann) und deshalb kaum Aussagekraft bietet.

Andererseits wird es durch die Bewertungsportale gerade auch Nischenanbietern, d.h. der Zielgruppe dieses Buches, ermöglicht, ihre Produkte und/oder Dienstleistungen zu bewerben.

Durch die zunehmende Bedeutung der Bewertungs- und Verbraucherportale bei den Konsumenten sind Unternehmen „reaktiv" gezwungen, sich mit diesem Thema auseinanderzusetzen. Selbst wenn die „aktive" Nutzung der Portale für Unternehmen kaum möglich sein dürfte: Als Unternehmer sollten Sie zumindest im Auge behalten, was innerhalb der Portale über Sie und/oder Ihre Angebote geschrieben wird. Dies gilt selbst dann, wenn Sie kein eigenes Social- Media- Marketing betreiben. „Online"- Bewertungen können Ihnen nämlich dabei helfen, (negative) Entwicklungen, Trends und aufkommende Kundenunzufriedenheit rechtzeitig zu erkennen und gegenzusteuern.

Insbesondere kleinere Unternehmen, Freiberufler und Handwerksbetriebe verfügen über wenig zeitliche und finanzielle Ressourcen, um das Web nach Beurteilungen zu durchsuchen und zielgerichtet darauf einzugehen.

Die „Überwachung" von Bewertungsportalen stellt einen Teilbereich des sog. „Social- Media- Monitorings" dar *(für weitere Details und Tipps vgl. bitte Kapitel 5). Hintergrund: Da Beiträge auf Bewertungsplattformen nicht im Marketing des Unternehmens integriert sind, versagt das normale „Controlling". Die Beiträge sind vielmehr sogenannte Selbstläufer, die nicht vorhergesehen werden können. Da auch Falschinformationen und Diffamierungen in Bewertungsportale eingehen können, sollte ein regelmäßiges Social- Media- Monitoring selbstverständlich sein.*

Für eine professionelle Kontrolle dessen, was im Social Web über Sie und Ihre Produkte und/oder Dienstleistungen geschrieben wird, stehen zahlreiche kostenfrei Tools zur Verfügung. Pauschale Empfehlungen sind hier nicht zielführend, da die Auswahl des bzw. der richtigen Tools immer in Abhängigkeit von Ihren individuellen Monitoring- Zielen erfolgen sollte. In Kapitel 5 stelle ich mehrere kostenlose Tools vor.

*Praxistipp: Um gegen negative Bewertungen vorzugehen, werden oftmals Juristen beauftragt. Dabei nehmen Gerichte grundsätzlich eine Unterteilung der „online" getätigten Äußerungen in „Tatsachenbehauptungen" und „Wertungen" vor. Der wesentliche Unterschied zwischen Tatsachenbehauptungen und Werturteilen besteht darin, dass der Inhalt von Tatsachenbehauptungen objektiv durch gerichtliche Beweiserhebung auf seine Richtigkeit hin überprüft werden kann. Werturteile sind hingegen lediglich persönliche Einschätzungen. Werturteile sind zwar von der Meinungsfreiheit geschützt, wobei die Grenze gezogen wird, wo gezielt Rechte anderer Personen verletzt werden.*

*Bevor Ihr Unternehmen juristisch gegen missliebige Bewertungen vorgeht, sollten Sie sich an die Betreiber der jeweiligen Plattform wenden. Auf Wunsch entfernen letztere negative Bewertungen, insbes. um bösartige Manipulationen zu verhindern.*

An dieser Stelle soll auch angemerkt werden, dass sich die meisten Portale inzwischen vom rein anonymen „Posten" abgekehrt haben und Registrierungen ihrer Nutzer verlangen. Durch die anonyme Bewertungsabgabe bestand eine erhebliche Missbrauchsgefahr. Bei den meisten Portalen werden inzwischen auch die Nutzer sowie die Qualität ihrer Bewertungen auf „Nützlichkeits-" Skalen beurteilt. Des Weiteren sind Bewertungsportale oftmals moderiert.

Was können Sie nun konkret unternehmen, wenn Ihr Unternehmen eine negative Bewertung oder einen kritischen Kommentar erhalten hat? Hier bieten sich die folgenden Ratschläge an:

- Verfolgen Sie zunächst die Konversation(en) auf der Plattform und machen Sie sich mit der Funktionsweise vertraut. Daran anschließend sollten Sie selbst den einen oder anderen Kommentar zu den Bewertungen Ihrer Kundschaft verfassen und dadurch deren Reaktion testen. Fällt letztere überwiegend positiv aus, so kommentieren Sie fortan regelmäßig Beurteilungen.

- Überprüfen Sie turnusmäßig die für Ihr Unternehmen relevanten Bewertungsportale und greifen Sie, z.B. bei unsachlicher Kritik, ein, indem Sie die Kritik konstruktiv kommentieren. Sachlich unrichtige oder irreführende Informationen sollten Sie unbedingt korrigieren. *Am Rande: Sie erfahren von neuen Bewertungen am schnellsten, indem Sie (falls in dem jeweiligen Portal möglich) sog. RSS- Feeds abonnieren, d.h. auf technische Hilfsmittel zurückgreifen.*

- Manche Portale bieten Gewerbetreibenden die Möglichkeit, Beurteilungen zu kommentieren. Hier ist es empfehlenswert, sachlich, gelassen und kompetent zu argumentieren. Konzentrieren Sie sich ausschließlich auf die eigentliche Problemlösung.

- Offensichtlich gerechtfertigte Kritik behandeln Sie am besten dergestalt, dass Sie darlegen, ob und wie Sie die kritisierten Mängel beheben können. Behandeln Sie dabei konkret den vorgetragenen Sachverhalt und versprechen Sie nur, was Sie später auch zu halten in der Lage sein werden.

- Bitte reagieren Sie prompt. Kunden erwarten auf ihre Fragen ein schnelles – aber keinesfalls voreiliges – Feedback. Durch Ihr rasches Feedback, können Sie von vornherein verhindern, dass andere Kunden vermuten, Sie würden auf Probleme nicht reagieren oder diese „aussitzen" wollen.

- Vermeiden Sie bitte jegliche Form der öffentlichen Schuldzuweisung. Wer zunächst detailliert herausarbeitet, was der („dumme") Kunde alles verkehrt gemacht hat, darf sich nicht über entsprechend negative Reaktionen seitens der anderen Kunden wundern.

- Entschuldigen Sie sich aufrichtig für Fehler, die Ihnen oder Ihren Mitarbeitern unterlaufen sind.

- Ein Hinweis aus eigener Erfahrung: Löst eine kritische Bewertung bei Ihnen Unverständnis aus, so sollten Sie bitte zunächst durchatmen und ggf. einige Minuten vor die Tür gehen. Ärger ist eine menschliche und vollkommen natürliche Reaktion auf unsachliche und/oder provokante Beiträge, steht aber Ihrer weiteren professionellen Problembehandlung im Weg. Bedenken Sie insbes., dass Ihre Antwort im Web durchaus einige Jahre öffentlich sichtbar sein dürfte.

- Im Leben ist es immer sinnvoll, sich in die Perspektive des Gegenübers hinzuversetzen. Versuchen Sie deshalb, Ihr Unternehmen aus Sicht des Kunden zu betrachten und stellen Sie sich dabei die Frage, ob die Kritik aus Sicht des Bewertenden eventuell sogar gerechtfertigt sein könnte.

- Verhalten Sie sich stets aufrichtig und ehrlich. Eine negative Bewertung kommentieren Sie am besten in einem echten Dialog mit dem Kunden. *Da negative Bewertungen häufig das Ergebnis einer mangelhaften Kommunikation sind, sollten beide Seite einfach miteinander sprechen.* Speisen Sie verärgerte Kunden keinesfalls mit vorgefertigten Sätzen oder gar Textbausteinen ab.

- Entschuldigen Sie sich bei Ihrem unzufriedenen Kunden für den Fehler. Versuchen Sie, umgehend nachzubessern und bieten Sie ihm eine kulante Abhilfe an. Verbinden Sie diese Kulanz jedoch mit der Bitte, die negative Bewertung zu modifizieren.

- Konnten Sie einen kritischen Kunden letztendlich doch zufriedenstellen, so sollten Sie über die gefundene Problemlösung berichten. Stellen Sie diese bspw. in Ihrem Unternehmensblog vor.

- Überall im Leben kann man auf notorische Nörgler treffen. Leider auch im Web … Vertrauen Sie hier jedoch darauf, dass die Leser von Bewertungsplattformen überzogene Forderungen und „Querulanten" schnell identifizieren werden. Zeigen Sie, dass Ihr Unternehmen ehrliche Kritik ernst nimmt, sich aber keinesfalls jede Pöbelei gefallen lässt.

- Wie bereits weiter oben angeführt, verbreiten sich schlechte Nachrichten naturgemäß rascher als gute. Damit Ihre zufriedenen Kunden zu Wort kommen, sollten Sie diese unbedingt aktiv auf die Möglichkeit zur Abgabe einer Bewertung hinweisen. Legen Sie dazu bspw. Ihrem Produkt eine Gratis- Süßigkeit bei, verbunden mit der Bitte um Beurteilung. So werden am Ende Ihre wenigen negativen Bewertungen durch die zahlreichen positiven überlagert.

- Rücken Sie stets das Bild Ihres Unternehmens beim Kunden gerade. Lassen Sie nicht zu, dass die momentane Unzufriedenheit des Kunden dauerhaft dessen Bild von Ihrem Unternehmen prägt. Gewähren Sie ihm ein kleines Geschenk. Wandeln Sie so nachträglich eine negative Kundenstimme in eine positive um.

- Wenn Sie positive Kritik erhalten, so bedanken Sie sich bitte explizit dafür.

Zum Abschluss mein wichtigster Tipp für den Umgang mit Bewertungsportalen: Machen Sie sich nicht so sehr darüber Gedanken, wie Sie negative Bewertungen „ausradieren" können, sondern investieren Sie diese Zeit sinnvollerweise in Ihr Unternehmen, Ihre Produkte und/oder Dienstleistungen. Stellen Sie echte Qualitätsmängel umgehend ab. Jedes Ihrer Angebote kann naturgemäß noch ein klein wenig kundengerechter ausgestaltet werden. Je nützlicher Ihre Produkte und/oder Dienstleistungen für Ihre Kunden sind, desto besser werden Sie auch beurteilt. Negative Bewertungen sollten Sie als positive Frühwarnsysteme auffassen. Nehmen Sie konstruktive Kritik als Chance, um Ihre Kundenorientierung und Ihr Angebot zu optimieren. Deshalb: Werden Sie besser!

## 4.7 Social-Photo-Sharing: Pinterest

Zeige mir, was Du sammelst! So oder ähnlich könnte die Philosophie, die hinter der Plattform Pinterest steckt, bezeichnet werden. Bei Pinterest handelt es sich – vordergründig betrachtet – um eine visuelle Form des „Social Bookmarking". *Social Bookmarking bedeutet, dass eine oder mehrere Personen sog. Internet- oder Web-Lesezeichen erstellen. Sie können dies am besten damit vergleichen, dass Sie eine Internet- Seite – die Sie interessant finden – den Favoriten Ihres Browsers hinzufügen, damit Sie diese Internet- Seite nicht mehr aus den Augen verlieren.* Genau dieses Prinzip macht sich Pinterest zunutze. So schreibt Pinterest bereits auf der eigenen Website: „Mit Pinterest kannst Du all die Dinge sammeln und organisieren, die Dir gefallen."

Aber meiner Meinung nach ist Pinterest mehr als ein rein visuelles Bookmarking. Nachdem ich mir Pinterest das erste Mal angeschaut hatte, war mir sofort klar, dass hier eine vollkommen neue Social- Media-Alternative entstanden ist. So stellt die Kombination von bislang „textlastigen" Plattformen mit visuellen (und emotionalen!) Inhalten und der darüber hinausgehenden Möglichkeit des sozialen Netzwerkens eine neue Entwicklung dar. *Anders als bei den bisherigen Plattformen werden bei Pinterest die Fotos nämlich nicht nur hochgeladen, sondern es geht vordringlich um das „Teilen", „Liken" etc. der eindrucksvollsten Fotos.* Deshalb sollte m.E. in diesem Zusammenhang eher von „Social- Photo-Sharing" gesprochen werden.

*Exkurs: Kaum ein Medium kann bessere „virale" Effekte erzielen als ein gutes Foto (oder Video). „Viral" bedeutet, dass Informationen (z.B. über das zu bewerbende Produkt) von Mensch zu Mensch weitergegeben werden - ähnlich wie bei der Übertragung von Viren. Der sog. Viral Loop bezeichnet das Phänomen der Weiterverbreitung von Inhalten, Instrumenten oder Websites im sozialen Netz.*

Da augenblicklich kein soziales Netzwerk schneller wächst und Pinterest kleinen und mittelständischen Unternehmen (insbes. der Mode- und Schuhbranche sowie aller Arten von Online- Shops) erhebliche Möglichkeiten bietet, soll Pinterest hier im Detail vorgestellt werden.

Pinterest wurde 2010 in Palo Alto als digitale Pinnwand für all das, was Nutzer als interessant erachten und Mitmenschen zeigen möchten, gegründet. Der Name Pinterest setzt sich aus den beiden englischen

Wörtern „Pin" für „Anheften" und „Interest" für „Interesse" zusammen. Gemeint ist letztendlich, dass Nutzer durch das öffentliche „Anheften" an „digitalen" Pinnwänden die eigenen Interessen veranschaulichen können.

Festzustellen ist, dass die Mehrzahl der Pinterest Nutzer weiblich sind, was – wie bereits angedeutet – Unternehmen aus bestimmten Branchen (z.B. „Fashion") entgegenkommt.

Wie funktioniert Pinterest nun im Detail?

Pinterest- Nutzer legen verschiedene Pinnwände *(sog. Boards)* zu unterschiedlichen Themengebieten (oftmals Mode, Autos, Bücher etc.) an, auf denen sie anschließend Bilder – die ihnen gefallen – „sammeln". Andere Nutzer können wiederum diese Bilder ansehen und zum Ausdruck bringen, dass ihnen das jeweilige Bild gefällt. Des Weiteren können sie das Bild durch „Repinnen" teilen bzw. auf eine ihrer eigenen Pinnwände übernehmen.

Darüber hinaus verfügt Pinterest über eine Kommentarfunktion und erlaubt Nutzern – ähnlich wie bei Twitter – anderen Nutzern (auch Unternehmen) zu „folgen". Im Gegensatz zu Facebook gibt es keine Statusmeldungen mehr, stattdessen werden „nur noch" Bilder *(inklusive kurzer Beschreibung)* an die virtuellen Pinnwände angeheftet. Durch Anklicken des „Pin it!"- Lesezeichens im Internet- Browser kann jedes als interessant erachtete Foto zur Pinnwand hinzugefügt werden. Dabei gilt: Es benötigt lediglich einen „Klick", damit die Fotos an der virtuellen Pinnwand hängen. Wie bereits angedeutet, können Pinterest- Nutzer neben dem „Anheften" von eigenen Fotos, Grafiken oder Collagen in den Bilderwelten anderer stöbern.

Wenn Sie für Ihr Unternehmen Pinterest einsetzen möchten, so sollten Sie sich mit dem folgenden Vokabular vertraut machen:

- Bei einem sog. Pin handelt es sich um ein Bild aus dem Web oder alternativ vom eigenen Computer, welches mit einer Beschreibung und einem Quell- Link versehen werden kann.

- Eine Pinnwand („Board") ist eine Ansammlung von Bildern, die ein bestimmtes Thema ausmachen.

- Following: Wie bereits angedeutet, kann man anderen Usern oder auch nur einzelnen Pinnwänden asynchron folgen.

- Beim sog. Repin handelt es sich um eine Funktion, durch die ein entdecktes Bild in die eigene Pinnwand integriert werden kann. Dabei bleibt einerseits der eigentliche Quell- Link erhalten, andererseits wird der ursprüngliche „Pinner" erwähnt.

- Like: „Gelikte" Bilder werden in die sog. Like- Liste eines Nutzers aufgenommen, ohne dass sie einer bestimmten Pinnwand hinzugefügt werden.

Am Rande: Auch die Videos mehrerer Video- Plattformen (z.B. YouTube) können bei Pinterest auf die virtuelle Pinnwand gepinnt werden.

Für Unternehmen ist Pinterest auch deshalb interessant, da es sich um eine – nennen wir es – „brave" Plattform handelt. Nacktheit und alles, was in irgendeiner Form verstörend auf die Community wirken könnte, ist auf Pinterest verboten. Für Details verweise ich auf die sog. Pinterest-Etikette unter http://de.about.pinterest.com/basics. Auch die auf anderen Plattformen häufig anzutreffenden Negativdiskussionen finden bei Pinterest eher selten statt.

Für Unternehmen mit visuell ansprechenden Inhalten kann es sich durchaus lohnen (und rentieren!), auf Pinterest tätig zu werden. So ist insbesondere die hohe „Viralität" bei Pinterest hervorzuheben. Die kostenlos eingestellten Pins verbreiten sich sehr viel stärker als auf anderen Plattformen kommunizierte. Bei einem hohen Anteil dieser Pins handelt es sich sogar um „Repins". Durch letztere wird wiederum die Anzahl an Links, bspw. auf Ihre Unternehmens- Website oder Ihren Online- Shop, erhöht. Im Ergebnis handelt es sich um einen klassischen Linkaufbau im Sinne der SEO.

Mittelständische Unternehmer oder Freiberufler, die überlegen, auf Pinterest aktiv zu werden, sollten sich zunächst die folgenden Fragen stellen:

1. Nutzt Ihre Zielgruppe Pinterest? In Kapitel 2 dieses Buches hatte ich Ihnen im Rahmen der Strategieüberlegungen angeraten, sich strikt auf Ihre Zielgruppe zu fokussieren. Wie bereits angedeutet, ist die überwiegende Mehrheit der Pinterest-Nutzer weiblich und verfügt über eine überdurchschnittliche Kaufkraft. Ein Produktmarketing, das auf diese demografische Gruppe abzielt, könnte bei Pinterest gut aufgehoben sein.

2. Lassen sich Ihre Produkte und/oder Dienstleistungen für Pinterest in Kategorien gruppieren?

3. Stellen Sie Ihre Produkte und/oder Dienstleistungen bereits auf Ihrer Unternehmens- Website vor und verwenden Sie schon hochwertige und attraktive Fotos? *(Ansonsten empfiehlt es sich, einen professionellen Fotografen oder Grafikdesigner zur Erstellung Ihrer Fotos zu engagieren).*

4. Verfügen Sie über weiteres Bild- oder Videomaterial?

5. Haben Sie die alleinigen Rechte an den unter 3. und 4. genannten Fotos?

6. Gibt es weiteres illustrierendes Material, das Sie ggf. „pinnen" können (und dürfen)?

7. Sind Sie in der Lage, regelmäßig und dauerhaft aktiv zu sein/bleiben? Wie auf anderen sozialen Plattformen entscheidet die kontinuierliche Aktivität über den Erfolg Ihrer Pinterest-Kampagnen.

8. Sind Sie dazu in der Lage, mehr zu veröffentlichen als „nur" werbliche Inhalte? Um erfolgreiches Social- Media- Marketing betreiben zu können, sollten Sie Geschichten rund um Ihre Produkte aufbauen.

Einige Unternehmen nutzen Pinterest bereits, um sich einerseits durch Fotos zu präsentieren und andererseits durch das „Sharing"- Prinzip der Pinterest- Community einen Vorteil zu verschaffen. Gerade die Zielgruppe dieses Buches, die mittelständischen Unternehmen – aber insbes. die „Kreativen" – werden durch die Nutzung von Pinterest in die Lage versetzt, ihre Bekanntheit und Reichweite erheblich zu steigern.

Übrigens: Egal, ob Ihr Unternehmen im B2C- oder im B2B- Bereich tätig ist, Pinterest bietet Ihnen interessante Möglichkeiten zur Positionierung. So stellen bspw. Produktfotografen Ihr Portfolio bei Pinterest aus und wenden sich dabei ausschließlich an gewerbliche Kunden.

Neben Fotografen bieten die virtuellen Pinnwände insbesondere den Betreibern von Online- Shops interessante Möglichkeiten, da die Pinterest- Nutzer nicht nur ihre Interessen, sondern auch ihre Einkaufstipps miteinander austauschen. Quasi von allein haben die

Pinterest- Nutzer so einen gigantischen Produktkatalog erschaffen. Erachten die Nutzer nun die Bilder eines Unternehmens als wertvoll und „pinnen" diese weiter und weiter, so kann ein Kreislauf entstehen, der zu einer enormen „Viralität" und Erhöhung der Reichweite führt.

Nachfolgend einige Beispiele für Branchen, deren Unternehmen – ohne längeres Zögern – auf Pinterest tätig werden sollten:

- Fotografen *(Aushängeschild, Aufmerksamkeit, Steigerung des Bekanntheitsgrades, Einschätzung der Qualität).*

- Online- Shops im Bereich Schuhe, Fashion, Bücher etc. *(Auf der Pinterest Unternehmenspräsenz können in den einzelnen „Boards" Kategorien vorgegeben und Fotos eingebunden werden. Daraus können Follower dann einzelne Bilder pinnen oder gar auf ihre persönlichen Einkaufslisten integrieren. Die Bilder verlinken nun direkt in den Online- Shop [von dem das Foto ja ursprünglich stammt], so dass ein Kauf erfolgen kann).*

- Lokaler Einzelhandel im Bereich Schuhe, Fashion, Bücher etc. *(Die Pinterest Unternehmenspräsenz kann dazu genutzt werden, um Kollektionen vorzustellen. Gerade internetaffine Kunden, die bspw. das örtliche Bekleidungshaus gar nicht beachtet hätten [„Die haben das sowieso nicht!"], werden dazu animiert, das Ladenlokal aufzusuchen).*

- Autobranche *(Branding durch eindrucksvolle Bilder).*

- Buchverlage *(Auf der Pinterest Unternehmenspräsenz können in den einzelnen „Boards" Kategorien vorgegeben und Fotos eingebunden werden. So ist man bspw. dazu in der Lage, interessante Neuerscheinungen vorzustellen. Follower können dann einzelne Bilder pinnen oder gar auf ihren persönlichen Einkaufslisten integrieren).*

- Einrichtungsbranche *(Gerade Möbel können sehr schön fotographisch dargestellt werden. Zielgruppengerecht, da vorwiegend weibliche Kundschaft).*

- Friseursalons *(Einschätzung der Qualität der geleisteten Arbeit durch Fotos. Zielgruppengerecht).*

- Kosmetikstudios *(Einschätzung der Qualität der geleisteten Arbeit durch Fotos. Zielgruppengerecht, da vorwiegend weibliche Kundschaft).*

- Tourismus *(Hotelfotos und Ausflugsziele wecken Emotionen).*

- Restaurants *(Aufnahmen hochwertiger Gerichte sind bei Nutzern beliebt).*

- Hochzeitsbranche.

Da der Ausgangspunkt für ein erfolgversprechendes Pinterest- Marketing die professionell gestaltete eigene Website ist, an dieser Stelle erneut (m)ein Verweis auf Kapitel 3.2 dieses Buches. *Am Rande: Die o.g. Firma Jimdo hat Pinterest in ihren Website- Baukasten integriert. So können Jimdo- Nutzer auswählen, ob sie für bestimmte Fotos auf ihrer Website "Pinterest" aktivieren wollen oder nicht. Fährt ein Besucher nun mit dem Mauszeiger über eines der freigegebenen Bilder, so erscheint ein Button mit der Aufschrift "Pin it!". Mit einem Klick auf diesen Button landet das Bild dann automatisch auf der Pinnwand des entsprechenden Pinterest- Nutzers. Dazu muss Ihr Unternehmen übrigens nicht selbst bei Pinterest angemeldet sein – Sie können Ihre Inhalte trotzdem für andere zum Teilen auf Pinterest bereitstellen und so die Vorteile von Pinterest nutzen.*

Ein Pinterest- Unternehmenskonto können Sie *(vorausgesetzt, es soll kein bestehendes Konto umgewandelt werden)* unter https://www.pinterest.com/business/create erstellen. Per Drop- Down- Liste *(Steuerelement einer grafischen Benutzeroberfläche, mit dem ein Benutzer einen bestimmten Wert aus einer vorgegebenen Liste auswählen kann)* müssen Sie zunächst den sog. Geschäftstyp Ihres Unternehmens auswählen. Dazu stehen Ihnen mehrere „Business"- Typen (lokales Unternehmen, Marke etc.) zur Auswahl, die Sie später – falls nötig – noch abändern können. Geben Sie Ihre Kontaktdaten sowie ein mindestens sechsstelliges Passwort ein. Daran anschließend sind die sog. Profil- Infos einzutragen. Da diese Informationen später öffentlich erscheinen, sollten Sie sehr sorgfältig und überlegt vorgehen. Geben Sie Ihren Firmen- und Benutzernamen ein und laden Sie ein Profilbild hoch *(an dem Sie natürlich auch die Rechte besitzen sollten, dazu am Ende dieses Kapitels mehr).* Als erste Tipps: Verwenden Sie einen produkt- und/oder markenrelevanten „Account"-Namen und ein Profilbild, bei dem die Nutzer Ihr Unternehmen zweifelsfrei identifizieren können. Dazu könnte sich bspw. Ihr Firmenlogo eignen. Daran anschließend sollten Sie Ihr Unternehmen unter „Kurzinfo" attraktiv vorstellen und den Link zu Ihrer Unternehmens- Website eintragen. Denken Sie bei Ihrer Kurzvorstellung nicht nur an potenzielle menschliche Adressaten, sondern auch daran, Schlüsselwörter für die Suchmaschinen zu hinterlegen. Sodann lesen Sie bitte die AGB *(die Sie übrigens auch ausdrucken können)* und setzen das Häkchen neben „Bedingungen akzeptieren". Zum Abschluss drücken Sie auf „Konto einrichten" und senden so Ihre „Bestellung" ab.

Beim eigenen Auftritt von Unternehmen, Marken etc. in den sozialen Medien ist es wichtig zu zeigen, dass man der offizielle Repräsentant bzw. Kontoinhaber ist. Deshalb sollte jedes Unternehmen die Verifizierungsmöglichkeit nutzen, die Pinterest anbietet. So können die Nutzer sofort erkennen, dass es sich um ein offizielles Konto handelt. Die Verifizierung ist (inzwischen) auf die beiden folgenden Arten möglich:

1. Verifizierungsdatei (Variante 1): Die HTML- Datei wird heruntergeladen und dann per FTP in das Root- Verzeichnis der Seite hochgeladen.

2. Meta- Tag (Variante 2): Der Meta- Tag wird im Header- Bereich eingefügt.

Ihre Unternehmensseite ist bei Pinterest wie folgt aufgebaut:

- Foto oder Logo,

- Kurzbeschreibung *(Wie bereits weiter oben angesprochen, setzen Sie bitte schon hier Keywords ein. Die Profilinformationen unter "Kurzinfo" sind relevant für die Pinterest- Suche, deswegen sollten die Angaben mit Bedacht gemacht werden.)*

- Verknüpfungen (z.B. Website, Twitter),

- Anzahl der Pinnwände bzw. Boards, Pins, Follower etc.,

- Darstellung der einzelnen Pinnwände,

- Darstellung sog. geheimer Pinnwände.

Unter „Einstellungen" können Sie grundsätzliche Informationen (insbes. Ihre Profilangaben) bearbeiten, E-Mail-Benachrichtigungen einstellen und Pinterest mit Ihren weiteren sozialen Netzwerken verknüpfen.

Nach diesen Formalia nun noch einige Tipps zum effektiven „Online"- Marketing via Pinterest:

- Stellen Sie bitte alle Datenfreigaben unter „Einstellungen" auf „öffentlich", damit Sie von den Suchmaschinen gefunden werden (was ja eine Zielsetzung Ihrer Social- Media- Aktivitäten ist).

- Stellen Sie in einer themenrelevanten und kurzen Beschreibung Ihr eigenes Unternehmen vor, um so das Interesse der Leserschaft zu wecken.

- Bieten Sie Ihrem Leser eine Auswahl an verschiedenen Pinnwänden bzw. Boards an. Dadurch wirkt Ihr Profil aufgeräumter bzw. seriöser und die Leser können in Ihren Informationen „stöbern".

- Beachten Sie, dass der Name Ihrer Boards entscheidend für das Auffinden Ihrer Pins ist. Finden Sie spezifische Namen, die durchaus ein klein wenig humorvoll sein dürfen. *Am Rande: Bei der Erstellung von Pinnwänden ist es ratsam, relevante Suchbegriffe für die Bezeichnung zu verwenden. Bitte auf keinen Fall die Standard- Vorschläge von Pinterest unverändert als Name einsetzen.*

- Pinterest- Beauftragte in Unternehmen sollten Inhalte dergestalt aufbereiten, dass sie tatsächlich "pinnbar" sind.

- Suchen Sie aktiv nach potenziellen Interessenten Ihrer Produkte und/oder Dienstleistungen und folgen Sie diesen.

- Verbinden Sie Ihr Pinterest- Profil mit Ihren weiteren Profilen auf anderen Plattformen, um eine optimale Verknüpfung auf allen Plattformen zu gewährleisten. Pinterest gibt Ihnen die einfache Möglichkeit, Ihre Pins auch bei Facebook und Twitter zu veröffentlichen. Wenn Sie diese Plattformen nutzen, nehmen Sie die Möglichkeit wahr und posten Sie Ihre Pins auch in diesen Netzwerken. So machen Sie noch mehr Leser auf Ihre Pinterest- Beiträge aufmerksam.

- Pinnen Sie das, was der Mehrheit Ihrer Leser gefällt. *Pinterest selbst nennt unter http://business.pinterest.com/pinning-principles einige Beispiele zum korrekten „Pinnen" im Rahmen von Unternehmenszwecken.* Probieren Sie ein klein wenig und finden Sie so einen Weg, die Themen Ihres Unternehmens den Lesern näherzubringen. Seien Sie dabei flexibel und kontrollieren Sie, welche Inhalte ggf. besser „funktionieren".

- Pinnen Sie inhaltlich kraftvolle Bilder. Lassen Sie bspw. Ihre Mitarbeiter die Geschichte Ihres Unternehmens erzählen.

- Verwenden Sie durchgehend hochwertige Bilder und keine Schnappschüsse.

- Stellen Sie mit der richtigen Bild- Auswahl emotionale Themenwelten für Ihre Zielgruppen her. Inszenieren Sie Ihre Produkte in einem praxisnahen Umfeld – mit Unterhaltungswert. Machen Sie nicht den Fehler, nur das Produkt abzubilden.

- Wenn Sie „offline" ein Foto – bspw. von einer Veranstaltung Ihres Unternehmens aufnehmen – so stellen Sie es auch auf Pinterest aus *(insofern die Qualität stimmt).* Dies kann viel wichtiger sein, als z.B. die Lokalzeitung über die Veranstaltung berichten zu lassen.

- Neben dem Produktnamen in der Bildbeschreibung bietet sich auch ein URL- Link zum Produkt an. *Anmerkung: Betreiber von Websites erhalten bei Pinterest über sog. „Rich Pins" die Möglichkeit, ihren Pins strukturierte Zusatzinformationen mitzugeben. Besonders für Produkte ist das von großem Vorteil, weil Unternehmen automatisiert Preisinformationen an Pinterest übergeben können und dies nicht mehr über den Umweg des IMG ALT- Tag erfolgen muss. So können derartige Preisinformationen und Verfügbarkeiten aktualisiert werden.*

- Da Suchmaschinen bei Fotos lediglich die sog. ALT- Attribute lesen können, sollten Sie bei Ihren Pins zusätzlich eine alternative Text- Beschreibung verwenden.

- Damit die ursprüngliche Quelle Ihrer Beiträge immer erkennbar ist, sollten Sie ein Wasserzeichen in Ihre Fotos bzw. Ihr Logo einarbeiten.

- Nutzen Sie – insbes. als Online-Shop – auch die o.g. Möglichkeit, Preisangaben in die Bildbeschreibung einzuarbeiten *(Mit der Funktion „Gift" bietet Pinterest Nutzern die Möglichkeit, Geschenkideen zu suchen und nach Preisen sortieren zu lassen).*

- Setzen Sie vor relevante Keywords sog. #Hashtags *(vgl. dazu meine Ausführungen zu „Twitter"),* so dass Bilder von interessierten Personen besser gefunden werden. *Auch bei Pinterest spielen Hashtags eine große Rolle im Rahmen der Sichtbarkeit. Einerseits können Pins mit Hilfe von Hashtags bestimmten Kategorien zugeordnet werden und andererseits haben sie Auswirkungen auf die Pinterest Suchergebnisse.*

- Kombinieren Sie verschiedene Arten von Bildern (Illustrationen, Fotos, Grafiken) und Videos. So gestalten Sie Ihr Profil interessanter.

- Erstellen Sie Infografiken zu relevanten Themen. Bei Pinterest werden derartige Grafiken immer wieder gerne angeschaut.

- Pinnen Sie regelmäßig. So versorgen Sie Ihre Follower anhaltend mit aktuellen Beiträgen.

- Falls Sie mehrere Beiträge an einem Tag veröffentlichen möchten, so empfehle ich Ihnen, diese über den ganzen Tag zu verteilen. Alternativ richten Sie sich bitte danach, wann Ihre Zielgruppe Pinterest nutzt. *Es gibt Statistik-Tools mit denen Sie auswerten können, zu welcher Uhrzeit ein Beitrag am häufigsten zur Kenntnis genommen wird.*

- Treten Sie mit Ihren Followern in Kontakt und interagieren Sie mit diesen. *Geben Sie treuen Fans die Möglichkeit, bei Ihnen mitzumachen. Erlauben Sie Ihren „Followern", Pins auf Ihren Boards zu veröffentlichen. Dafür können Sie bspw. ein eigenes Board anlegen, auf dem nur Ihre Anhänger pinnen. Geben Sie diesen Feedback und kommentieren Sie deren Beiträge. Die eingebundenen Anhänger fühlen sich so von Ihrem Unternehmen wertgeschätzt.*

- Bleiben Sie konsequent bei Ihrem Themengebiet und eröffnen Sie keine „Nebenkriegsschauplätze". Identifizieren Sie den Bedarf Ihrer Zielgruppe! Letztere soll Inspiration an Ihrem Unternehmen, Ihren Marken und Produkten bzw. Dienstleistungen erhalten.

- Werten Sie den „Traffic" Ihrer Unternehmenspräsenz aus. Dazu hat Pinterest ein Tool namens „Pinterest Web Analytics" entwickelt, das es erlaubt, Statistiken auszuwerten und zu analysieren. Voraussetzung zur Nutzung von „Web Analytics": Verifizierung!

- Geben Sie den Link zu Ihrem Pinterest- Konto auch auf Ihren Briefbögen, Flyern, E-Mail- Signaturen etc. an.

Nicht verschwiegen werden soll das Hauptproblem bei der Nutzung von Pinterest: Mögliche Urheberrechtsverletzungen!

Entsprechend den Nutzungsbedingungen dürfen nämlich nur solche Bilder hochgeladen werden, bei denen der Nutzer selbst Urheber ist bzw. an denen er die Rechte besitzt. Den meisten Nutzern scheint jedoch nicht bewusst zu sein, dass beim sog. Pinnen ein Duplikat erstellt wird, für das nicht die Plattform, sondern der jeweilige Nutzer haftet.

Im Detail können aus meiner Sicht die folgenden Problemfelder auftreten:

- Das Unternehmen „repinnt" ein Foto, Bild, Webfundstück, ohne sich überhaupt um die Rechteklärung zu kümmern.

- Das Unternehmen „pinnt" ein Foto, Bild, Webfundstück etc., an dem es keine Nutzungsrechte besitzt.

- Das Unternehmen „pinnt" ein Foto, Bild, das aus dem eigenen Portfolio stammt. Der Nutzungsumfang ist aber limitiert. Z. B. ist nur die Nutzung auf der Unternehmens- Website erlaubt oder aber das Unternehmen ist formal gar nicht dazu berechtigt, Dritten ein Nutzungsrecht einzuräumen.

*M.E. besteht das eigentlich Problem darin, dass die Frage nach dem Urheberrecht in den Vereinigten Staaten anders gehandhabt wird als in Europa. Dadurch könnten deutschen Nutzern in bestimmten Fällen Abmahnungen drohen.* Wie kann man nun als Unternehmen Pinterest legal nutzen? Indem man ausschließlich eigene Bilder verwendet oder aber über eine entsprechende Erlaubnis des Rechteinhabers zur Verwendung des Bildes auf Pinterest verfügt, die man im Idealfall vorab schriftlich geklärt hat.

Bedenken Sie bitte auch hier, dass im Rahmen einer geschäftsmäßigen Nutzung rechtliche Angaben wie bspw. das Einfügen eines Impressums erforderlich sind.

Zum Abschluss möchte ich Ihnen einen Ratschlag zur Verwendung von Pinterest geben. So kann Pinterest für Unternehmen sinnvoll sein, es sollte jedoch (Stand: Januar 2014) noch nicht ganz oben auf Ihrer Liste der relevanten sozialen Netzwerke stehen. Dies mag in ein oder zwei Jahren anders aussehen, wenn Pinterest auch in Deutschland populärer geworden ist. Also: Befassen Sie sich erst dann mit einem Pinterest-Engagement, wenn Ihre wichtigen Social- Media- Plattformen etabliert sind *(und deren Betreuung problemlos verläuft)*. Meines Erachtens wäre es ein gravierender Fehler, bei Pinterest zu beginnen, wenn Sie und/oder Ihre Mitarbeiter noch mit dem Aufbau der anderen Plattformen beschäftigt oder aber mit deren Betreuung ausgelastet sind.

## 4.8 Video-Sharing: YouTube

Lassen Sie uns an dieser Stelle „in medias res" gehen und gleich die entscheidende Frage aufwerfen: Weshalb sollte Ihr Unternehmen bei einem Video- Portal aktiv werden?

Zunächst können Sie über ein Video- Portal Ihre Inhalte verbreiten und damit Ihre Position bei potenziellen Interessenten und in den Suchmaschinen! verbessern. Sie können im Video selbst oder in der Beschreibung auf Ihre Unternehmens- Website oder Ihre weiteren Social- Media- Plattformen verlinken.

Wichtiger erscheint mir jedoch, dass Kunden immer öfter einen Gesamteindruck von einem Unternehmen oder – insbesondere bei Freiberuflern – über die Person gewinnen wollen, bevor sie sich für bestimmte Produkte und/oder Dienstleistungen entscheiden.

Worte und Texte können zwar einiges versprechen, aber ein kurzes Video sagt viel mehr aus. Des Weiteren fordern Videos dem Betrachter mehr Aufmerksamkeit ab als Musik, Fotos oder Texte – weil sie mehrere Wahrnehmungskanäle in Beschlag nehmen. Hinzu kommt, dass Videos in der heutigen Welt ein ausgesprochen beliebtes Medium – sowohl zur Unterhaltung als auch im Rahmen der Information und Weiterbildung – darstellen.

Deshalb stößt man im Internet immer häufiger auf Unternehmens-Websites, die nicht nur Texte, Fotos und Grafiken zeigen, sondern auch Videos.

Bei YouTube handelt es sich um ein Internet-Videoportal der Google Inc., Kalifornien, auf dem die Benutzer kostenlos Video-Clips ansehen, bewerten, weiterempfehlen und hochladen können. Dabei liegt die eigentliche Popularität von YouTube in der Vernetzung der großen Anzahl an Mitgliedern begründet. Letztere laden Video-Dateien hoch, bewerten und kommentieren. Deshalb ist YouTube auch keine reine Video- sondern eher eine Social- Media- Plattform. Ebenso wie andere Online-Dienste mit Social-Networking-Charakter wird YouTube zunehmend als Plattform für das sog. Guerilla- Marketing genutzt. Für Unternehmen bietet YouTube die nämlich Möglichkeit, Videos schnell und unkompliziert zu verbreiten.

In Deutschland ist YouTube das bekannteste Videoportal. Insbesondere wenn es um Reichweite und interaktive Kampagnen inklusive der strategischen Ausrichtung geht, fallen andere Videoportale deutlich ab.

Auf der Internetpräsenz von YouTube werden

- Film- und Fernsehausschnitte,

- Musikvideos,

- selbstgedrehte Filme

angeboten.

Die eigentliche Nutzung von YouTube ist sehr einfach und intuitiv. Die Bedienung der Plattform benötigt keinerlei spezifisches Know- How.

YouTube verfügt von allen sozialen Netzwerken über die meisten passiven Nutzer *(Nutzer, die kein eigenes Profil innehaben, sondern stattdessen lediglich die Videos anderer anschauen).*

Videos können „online" als sog. Stream im Web- Browser angesehen werden. Mit Hilfe spezieller Tools können Computernutzer die „Online"- Videos inzwischen aber auch auf ihren Computer herunterladen. Nach meinem Kenntnisstand ist eine derartige Speicherung durch die YouTube- Nutzungsbedingungen verboten.

YouTube bietet eine Möglichkeit an, Videos auf der eigenen Website „einzubinden". *Am Rande: Das ist genau das virale Content- Sharing, das Sie anstreben sollten. Durch das sog. Einbinden bieten sich für Unternehmen nämlich interessante Möglichkeiten. Dadurch kann eine sehr hohe Verbreitung von Firmen- bzw. Produktvideos erreicht werden, um von der Zielgruppe optimal wahrgenommen zu werden.* Durch das „Einbinden" ist das Abspielen des Videos auf der eigenen Website möglich, ohne dass das Video dafür auf einem eigenen Server liegen muss. Ein bei YouTube „gelistetes" Video können Sie ganz einfach durch Klick auf den Link „Teilen" und anschließend auf den Link „Einbetten" in Ihre Website einbinden. Nachdem Sie die beiden Links angeklickt haben, erhalten Sie einen – bereits vormarkierten – HTML- Code, den Sie wiederum auf Ihrer Unternehmens- Website oder Ihrem Blog einfügen können. *Hinweis: Beachten Sie die Urheberrechte am Video, dazu später mehr.*

Auf YouTube kann jeder Nutzer ein kostenloses Konto anlegen und Videos als Favoriten speichern. *Mittlerweile wird ein Google- Konto benötigt, um einen Account bei YouTube nutzen zu können.* Andere YouTube- Nutzer können die Favoritenliste grundsätzlich einsehen. Allerdings besteht die Möglichkeit, die eigene Favoritenliste zu verbergen.

Videodateien können direkt im Browser in verschiedenen Formaten zu YouTube hochgeladen werden, wobei die Dateien während des Hochladens automatisch konvertiert werden. Auch eine Wiederaufnahme des unterbrochenen Hochladens ist möglich. Seit 2010 werden auch Videos in 4K-Auflösung (4.096×2.304 Pixel) akzeptiert. Sollten Sie speziell für die Verwendung bei YouTube Videos produzieren (lassen), so sollten Sie beachten, dass sich inzwischen viele Anwender die Videos auf ihren Smartphones anschauen.

Ein YouTube- Profil wird als sog. „Channel" bzw. Kanal bezeichnet. Der YouTube-Kanal ist die individuelle Website eines YouTube-Benutzers. Im Grunde genommen handelt es sich dabei um eine Art „Leitseite", über die Sie und andere Nutzer alle von Ihnen hochgeladenen Videos auswählen können. Letztendlich finden sich hier alle öffentlichen Videos und Playlists sowie die persönlichen Angaben des Benutzers. Der Kanal bzw. dessen grafische Oberfläche kann vom Benutzer individuell (Titelbild, Titel, Module) gestaltet werden.

Bei YouTube hatten die Zuschauer bereits seit längerem durch eine Kommentarfunktion die Möglichkeit, direktes „Feedback" zu geben. Mit einer Umstellung des Kommentarsystems im November 2013 mussten Zuschauer ihre Kommentare dann mit einem Konto von Googles sozialem Netzwerk Google Plus signieren, was einen Klarnamen- Zwang implizierte. Vermutlich wollte YouTube mit dieser Umstellung die Unsitte der werbenden oder gar beleidigenden Kommentare unter Pseudonymen eindämmen. Dies führte – vorsichtig ausgedrückt – zu Kritik seitens Teilen der Nutzer.

Wie bereits weiter oben ausgeführt, bietet YouTube die Möglichkeit, einen eigenen „Channel" bzw. Kanal zu erstellen. Damit können Unternehmen, Freiberufler und Handwerker ihre Profildaten, die eigenen Videos, Favoriten etc. an einem öffentlichen Ort anzeigen lassen.

In den Grundfunktionen ist YouTube (Stand: Januar 2014) kostenlos. Da somit die Nutzung sowohl für den Zuschauer als auch für den Anbieter (grundsätzlich) kostenlos ist, bestehen für Unternehmer nur sehr geringe

Eintrittsbarrieren. Gerade für kleine und mittelständische Unternehmen, Handwerker und Freiberufler steht im Vordergrund, dass sie sich bei einer Partnerschaft mit YouTube nicht um Fragestellungen des Video Streamings, des Hostings oder aber der Formatvielfalt kümmern müssen.

Doch YouTube kann für Unternehmen auch erhebliche Nachteile bereithalten: Hier ist vor allem anzuführen, dass sich YouTube bereits durch das „Hochladen" die uneingeschränkten Rechte am Video sichert. Es sollte ebenfalls bedacht werden, dass jeder Nutzer das Unternehmens-Video anschließend von YouTube herunterladen und letztendlich unkontrollierbar modifizieren kann. *Anmerkung: Ein fremdbearbeitetes Video kann bei entsprechender Verbreitung und Relevanz durchaus zu einem erheblichen Image- Schaden führen.* Des Weiteren wird oftmals nicht berücksichtigt, dass die anvisierten Zuschauer im Unternehmensbereich mit YouTube gar nicht erreicht werden können, da die Betriebe sehr häufig derartige Video- Plattformen in ihren Netzwerken sperren.

Mittelständische Unternehmen und Freiberufler, die eigene Videos erstellen bzw. auf Videoplattformen wie YouTube einstellen wollen, sollten zunächst die folgenden grundsätzlichen Ratschläge beachten:

- Zum Einstieg sollten Sie sich als Unternehmer Videos Ihrer Mitbewerber bzw. auch Ihrer Branche anschauen: Was machen letztere auf YouTube richtig gut, was können Sie sich hier abschauen, ggf. für sich anpassen und übernehmen?

- Insbesondere kleinere Unternehmen sollten prüfen, ob es in dem Unternehmen Hobby- Filmer gibt – und zwar nicht nur in der Marketingabteilung. Veranstalten Sie mit diesen „Ideenlieferanten" zum Start ein „Brainstorming".

- Kurze Videos (bis zu einer Länge von rund 1 ½ Minuten) kommen sehr gut an. *Nutzer sind nämlich nur bereit, einen gewissen Zeitaufwand zu akzeptieren. Die Aufmerksamkeitsspanne beträgt ungefähr 3 Minuten.*

- Möchten Sie einen komplexeren Sachverhalt vorstellen, so sollten Sie sich für eine sog. Videoreihe (z.B. 5 Videos zu jeweils 1 ½ Minuten) entscheiden. Damit können Sie auch Ihre Reichweite erhöhen, wenn Sie die Videos gestaffelt veröffentlichen.

- Thematisch sollten Ihre Videos Ihre Zielgruppe! entweder unterhalten oder ihr einen zusätzlichen Nutzen offerieren. Letzteres kann insbes. durch Ratgeber, Anleitungen, Informationen oder Tipps erreicht werden. Auch Produkttests könnten hier interessant sein. Des Weiteren sind Demonstrationen der Funktionsweise Ihrer Produkte für die (potenzielle) Zielgruppe interessant. *Derartige Erklärungen erhöhen auch Ihre Glaubwürdigkeit.*

- Stellen Sie sich die Frage, welches Problem Ihres (potenziellen) Kunden Sie lösen möchten. Problemlösungen werden von YouTube Nutzern geschätzt.

- Wecken Sie die Neugierde Ihres (potenziellen) Kunden. In einer solch kurzen Videosequenz können Sie Ihr Produkt und/oder Ihre Dienstleistung nur kurz vorstellen. Wichtig ist dabei, das Interesse Ihres Kunden zu wecken.

- Achten Sie darauf, sich nicht allzu sehr auf reine „PR" zu versteifen. Versuchen Sie stattdessen abwechslungsreiche Formate einzustreuen, z.B. Gespräche mit Auszubildenden oder Videos über vergangene Messeauftritte.

- Insbesondere YouTube Nutzer bevorzugen authentische Videos gegenüber „Hochglanz- Produktionen". Zeigen Sie deshalb lieber Ihr eigenes Gesicht und sprechen Sie persönlich und direkt die Zuseher an.

- Vor allem der Titel bzw. Dateiname Ihres Videos ist dafür ausschlaggebend, dass viele Besucher Ihr Video auf YouTube anklicken. Achten Sie deshalb darauf, dass der Titel den Inhalt des Videos wiedergibt. Verwenden Sie Keywords, denn letztere sind wichtig für das spätere Ranking bei der YouTube- und Google- Suche. *Praxistipp: Stellen Sie sicher, dass sowohl Titel als auch Beschreibung und „Tags" jeweils die wichtigsten Stichwörter enthalten.* Sinnvoll kann es auch sein, wenn Video-Titel und Dateiname eine gewisse Ähnlichkeit besitzen. *Bei mehreren Videos zum gleichen Thema sollten Sie ähnliche Keywords verwenden, damit YouTube diese Inhalte als „ähnliche Videos" ausweisen kann.*

- Verwenden Sie eine professionelle Kamera, denn das Video stellt für Ihr Unternehmen eine Visitenkarte dar. Semi-professionelles Video- Equipment ist heutzutage erschwinglich, weshalb Sie darauf zurückgreifen sollten. Verwackelte oder unscharfe Videos sprechen den Nutzer hingegen nicht an. Meiden Sie für die Aufnahme Plätze, die laut und stark bevölkert sind. Meiden Sie ebenfalls Räume, die für ein Echo sorgen. Achten Sie auf gute Lichtverhältnisse und vor allem: Sprechen Sie laut und deutlich.

- Erstellen Sie im Vorfeld Ihrer „Dreharbeiten" ein Konzept und ein kurzes Drehbuch. Es bietet sich an, eine Einleitung zum Thema zu verfassen bzw. ein Intro einzubauen, dann den eigentlichen Hauptteil einzuarbeiten und abschließend eine kurze Zusammenfassung zu geben. *Jedes Video sollte zudem eine kleine Handlungsaufforderung enthalten (z.B. die Bitte, sich für den Unternehmens- Newsletter einzutragen).*

- Verwenden Sie – bspw. im Hintergrund – Ihre Unternehmensfarben, -logos etc. (Corporate Design).

- Fügen Sie in Ihr Video Anmerkungen ein. Derartige Einblendungen bieten die Möglichkeit bspw. auf Ihre Website aufmerksam zu machen.

- Wahrscheinlich sind mehrere Anläufe notwendig, ehe das Video Ihren Vorstellungen entspricht. Setzen Sie sich deshalb nicht unter Druck, dass auf Anhieb alles funktionieren muss.

- Optimieren Sie Ihre Videos im Hinblick auf Suchmaschinen. *Suchmaschinen bieten im Internet die Möglichkeit, gezielt nach Videos zu suchen. Zu bedenken ist insbes., dass YouTube und Google zusammengehören.* Für Suchmaschinen ist es von erheblicher Bedeutung, was in der eigentlichen Beschreibung Ihres YouTube-Videos steht. *Praxistipp: Sehen Sie in einem Video, das Ihrem ähnlich ist und bereits häufig angeschaut wurde, nach. Verwenden Sie dann ähnliche Keywords. So können Sie Besucher generieren, die sich für diese Nische interessieren.* Wählen Sie außerdem eine Kategorie, zu der Ihr Video eindeutig zugeordnet werden kann, denn auch so kann Ihr Video höhere Klickzahlen erhalten. *Binden Sie Ihre YouTube-Videos auch auf Ihrer Unternehmens- Website ein.*

- Wählen Sie ein interessantes Standbild *(„Thumbnail", engl.: „Vorschaubild")* aus. Letzteres ist für User das wichtigste Entscheidungskriterium, dieses Video tatsächlich anzuklicken. Deshalb sollte der „Screenshot" Ihres Videos den User auf den ersten Blick ansprechen.

- Erteilen Sie anderen Usern die Erlaubnis, Ihr Video auf deren eigenen Seiten zu „posten" bzw. zu verlinken. So generieren Sie nicht nur „Traffic" auf YouTube, sondern auch auf den Seiten anderer User.

- Lassen Sie die Nutzer mit Ihrem Video interagieren: Jedes Video sollte das Potential aufweisen, den Nutzer zu einer Handlung zu bewegen. Sei es, ihn zu einem Kommentar zu veranlassen oder Ihre Website zu besuchen. *Am Rande: Unangebrachte Kommentare können Sie jederzeit löschen.*

- „Verlinken" Sie Ihr Videos zu Ihrer Unternehmens- Website und zu Ihren weiteren Social- Media- Aktivitäten (Facebook, Twitter etc.). *Praxistipp: Idealerweise beginnen Sie die Videobeschreibung mit dem Link auf Ihre Website. Stellen Sie dem Link ein http:// voran.* Wiederholen Sie dies bitte bei jedem neuen Video, das Sie einstellen.

- Wenn Sie bereits einen Fernsehspot für Ihr Unternehmen produziert haben, so können Sie ihn selbstverständlich auch hier veröffentlichen. Bedenken Sie jedoch, dass die „Community" von YouTube nicht nur auf „platte" Reklame aus ist. Laden Sie deshalb zusätzlich Videos bspw. über Präsentationen oder Vorträge hoch. Zeigen Sie sich so als Experte Ihres Fachgebiets.

- Stellen Sie neue Videos in einem festen Turnus ein. Lassen Sie keinesfalls nach einem anfänglichen „Kraftakt" Ihre Aktivität „einschlafen".

*Im vorletzten Kapitel dieses Buches werde ich auf die sog. Erfolgskontrolle eingehen. An dieser Stelle bereits eine kleine Anmerkung: Analysieren Sie bitte, wie lange Nutzer Ihr Video tatsächlich anschauen bzw. an welcher Stelle sie abspringen ... Sollte Ihnen auffallen, dass sehr häufig nach kurzer Zeit abgesprungen wird, so ist es empfehlenswert, das Video bis zu besagter Stelle zu kontrollieren.*

Nun möchte ich Ihnen konkret zeigen, wie Sie Ihren eigenen YouTube-„Channel" bzw. Kanal aufsetzen können. Wie bereits weiter oben beschrieben kann YouTube inzwischen mit einem beliebigen Google-Konto genutzt werden. Um nun den YouTube- Kanal zu erstellen, besuchen Sie zunächst die Startseite der Plattform, bspw. durch Eingabe von www.youtube.de. Sie werden anschließend weitergeleitet und klicken dann bitte oben rechts auf "Anmelden". Auf der folgenden Seite haben Sie die Wahl zwischen der Erstellung eines komplett neuen Google- Kontos oder – insofern vorhanden – der Nutzung eines bereits existierenden Kontos.

*Da ich die Erstellung eines neuen Google- Kontos an dieser Stelle nicht im Detail ausführen möchte: Zur Erstellung eines Google-Kontos folgen Sie den Anweisungen („Konto erstellen") und klicken dann auf "Nächster Schritt". Am Rande: Überlegen Sie genau, ob Sie Angaben wie bspw. Ihre Telefonnummer wirklich erteilen wollen!*

Sie haben auf YouTube die Möglichkeit, Ihren Kanal bis zu einem gewissen Grad (Design, Beschreibung, Darstellung der einzelnen Elemente) zu personalisieren. Nachdem Sie sich zum ersten Mal mit Ihrem Google- Konto bei YouTube eingeloggt haben, sollten Sie davon Gebrauch machen. Dazu klicken Sie oben rechts auf Ihren Nutzernamen und wählen im daraufhin erscheinenden Menü in der rechten Spalte "Mein Kanal" aus. Anschließend sollten Sie eine sog. Checkliste sehen, die Ihnen zeigt, was Sie noch abarbeiten müssen. Klicken Sie sukzessive auf die einzelnen Punkte, so können Sie die jeweilige Einstellung verändern. Legen Sie für Ihren Kanal einen aussagekräftigen Titel fest. Dies könnte sinnvollerweise der Name Ihres Unternehmens sein. Auch macht es Sinn, einen Namen zu verwenden, den man bereits von Ihren anderen Social- Media- Plattformen her kennt. Als Geschlecht geben Sie bitte "Sonstiges" an.

Jetzt sollten Sie Ihren Kanal noch ein klein wenig gestalten, obwohl YouTube Ihnen dazu – wie gesagt – nur wenige Instrumente an die Hand gibt. So empfiehlt es sich, die Hintergrundfarben und das grundlegende Design an Ihr Corporate Design anzupassen. Es gibt aber auch eine Auswahl an vorgefertigten Designs, aus denen Sie das gewünschte für Ihren Kanal auswählen können. Laden Sie auch ein Kontobild, z.B. Ihr Unternehmenslogo hoch: Klicken Sie dazu oben rechts auf Ihre Google-Adresse, wählen Sie "Einstellungen" und "Profileinrichtung". An dieser Stelle können Sie noch weitere Informationen zu Ihrem Unternehmen eintragen. Werten Sie bspw. den Kanal mit Bildern auf oder wählen Sie einen "Kanal- Trailer" aus Ihren (späteren) Videos, der dann als großes

„Teaser"- Video auf Ihrem YouTube- Kanal angezeigt wird. Hintergrundbilder sollten sich gut in das Gesamtbild einfügen.

Natürlich können Sie frei festlegen, welche Elemente auf Ihrem Kanal angezeigt werden. Hier sollten Sie ein klein wenig experimentieren.

Um auf Ihre Videos aufmerksam zu machen, sollten Sie in der Community von YouTube aktiv werden und mit anderen Menschen interagieren.

- Suchen Sie sich andere Kanäle bzw. Videos, die Ihrem „Business" entsprechen. Platzieren Sie dort Kommentare oder abonnieren Sie den entsprechenden Kanal.

- Bitten Sie andere Nutzer, Ihr Video zu bewerten. Dies kann die Relevanz Ihres Videos bei YouTube erhöhen.

- Verfassen Sie bezüglich Ihres Videos Beiträge auf Ihren anderen Social- Media- Plattformen (z.B. Blogs). Binden Sie jeweils einen direkten Link auf das Video in den Text ein. *Alternativ können Sie YouTube anweisen, bestimmte Aktivitäten auch automatisiert weiterzuleiten.*

- Hinterlassen Sie in passenden Foren, Gruppen etc. Kommentare zu Ihrem Video. So stellen Sie sicher, dass die relevante Zielgruppe über das Video in Kenntnis gesetzt wird. Vermeiden Sie jedoch „Spam".

Seien Sie nicht allzu versessen auf erste Ergebnisse. Sog. YouTube - Views generieren sich in der Regel über einen gewissen Zeitraum und es kann durchaus vorkommen, dass in den ersten Tagen kaum etwas passiert.

Abschließend noch einige rechtliche Hinweise:

- Beachten Sie Urheberrechte. Verwenden Sie eigenes Material oder Material, bei dem Sie nutzungsberechtigt sind.

- Verwenden Sie kein anstößiges Material. Von Nutzern beanstandete Videos werden von YouTube- Mitarbeitern überprüft und ggf. gelöscht.

- Die Nutzung von YouTube zu geschäftlichen Zwecken unterliegt der Impressumspflicht.

- Wenn Sie Videos von YouTube, d.h. fremde Inhalte auf Ihrer Unternehmens- Website einbinden, so sollten Sie dies in Ihrer Datenschutzerklärung explizit ausführen. Für Details sei zum wiederholten Male auf den Datenschutz-Generator, den Herr Rechtsanwalt Schwenke auf seiner Website www.rechtsanwalt-schwenke.de bzw. www.datenschutz-generator.de bereitstellt, verwiesen.

- Falls Sie Ihre Videos mit Musik untermalen, so sollten Sie unbedingt verifizieren, dass diese Musik GEMA- frei ist. *(GEMA- freie Musik liegt dann vor, wenn für deren Nutzung keine Lizenzgebühren an die „Gesellschaft für musikalische Aufführungs- und mechanische Vervielfältigungsrechte" gezahlt werden müssen oder wenn das Urheberrecht erloschen ist).*

# 5. Erfolgskontrolle und Monitoring

In den vorangegangenen Kapiteln habe ich Ihnen aufgezeigt, wie Sie – ausgehend von Ihrer Zieldefinition – Ihre Social- Media- Strategie sinnvoll planen und welche Plattformen Sie einsetzen können, um diese Strategie effektiv umzusetzen.

Nun stellt sich natürlich die Frage, worin der unternehmerische Mehrwert der Social- Media- Aktivitäten besteht. Denn eines dürfte inzwischen deutlich geworden sein: Die Umsetzung von Social- Media- Aktivitäten bindet Personal und verursacht Kosten. Dabei sollten meiner Meinung nach Aufwand und Ertrag in einem angemessenen Verhältnis zueinander stehen. Deshalb ist es so wichtig, dass Sie die Auswirkungen Ihrer Aktivitäten messen. Sie sollten herausfinden, ob die von Ihnen ausgewählte(n) Strategie(n) sich für Ihr Unternehmen und dessen Zielsetzungen als Erfolg erwiesen haben.

In diesem Kapitel möchte Ihnen aufzeigen, wie Sie am besten vorgehen sollten, um eine effektive Erfolgsmessung Ihrer Social- Media- Aktivitäten aufzubauen. Darüber hinaus wird erörtert, welche Kennzahlen Ihnen bei der Bewertung Ihrer Social- Media- Aktivitäten Hilfestellung geben. Abschließend stelle ich Ihnen mehrere kostenlose Tools vor, die Sie beim „Monitoring" Ihrer Aktivitäten unterstützen.

*Vorab zwei Begriffserklärungen: Grundsätzlich ist es möglich, sog. On- und Offsite- Aktivitäten zu analysieren. Dabei sind Onsite- Aktivitäten solche, die direkt auf Ihrer Unternehmens- Website stattfinden. Offsite- Aktivitäten sind hingegen solche, die auf anderen Websites (auf denen Sie mit Ihren Kunden interagieren) stattfinden. Der sog. ROI, der weiter unten noch ausführlich behandelt wird, ist dabei den Onsite- Aktivitäten zuzuordnen. Mit Offsite- Aktivitäten sind solche bei Twitter, Facebook etc. gemeint.*

In der Fachliteratur lassen sich einige interessante Modelle zur Erfolgskontrolle finden. Diese Modelle sind m. E. für die Zielgruppe dieses Buches – nämlich kleine und mittelständische Unternehmen, Handwerksbetriebe und Freiberufler – lediglich bedingt geeignet, da sie oftmals viel zu komplex sind. Insbesondere Kennzahlen werden mit steigendem Erkenntnisgewinn umso spezieller und aufwendiger. Aus diesem Grunde zeige ich Ihnen nachfolgend einen Weg auf, der in einem angemessen Kosten- Nutzen- Verhältnis begründet ist.

*Dazu vorab drei Begriffsdefinitionen:*

*„Return on Investment" (kurz „ROI") oder Investitionsrendite bezeichnet ein Modell zur Messung der Rendite einer unternehmerischen Tätigkeit oder Investition – gemessen am Gewinn im Verhältnis zum eingesetzten Kapital. Der ROI ist das, was aus dem Investment "zurückkehren" soll. Er drückt das Gewinnziel aus.*

*„Key Performance Indicator" (kurz „KPI") oder betriebswirtschaftliche Kennzahl bezeichnet Kennzahlen, anhand derer der Fortschritt bzw. der Erfüllungsgrad hinsichtlich wichtiger Zielsetzungen oder kritischer Erfolgsfaktoren innerhalb einer Organisation ermittelt werden kann. Ein KPI ist dabei immer eine Verhältniszahl, die zwei Messwerte in Beziehung setzt. Durch KPIs lassen sich Vorgänge im Unternehmen objektivieren.*

*„Buzz" (engl.: summen) bezeichnet eine Marketingtechnik, mit der durch Mundpropaganda ein Produkt und/oder eine Dienstleistung bekannt gemacht wird. Buzz ist so viel wie Mund- zu- Mund- Kommunikation, wobei es sich hierbei zumeist um den Austausch in digitalen Plattformen handelt. Es basiert auf der Wirkung traditioneller Mundpropaganda, der persönlichen Empfehlungen von Person zu Person. Das Buzz- Marketing kann sich zusätzlich die Wirkungsweise des Viral- Marketings und die Möglichkeiten des Informationsaustausches im Internet zu Nutze machen.*

Die Zielgruppe dieses Buches sollte im Rahmen ihrer Erfolgsmessung dem folgenden Schema folgen:

1.  Bestandsaufnahme „Ist"- Zustand

    <u>Vor</u> Beginn der Maßnahme(n) relevante Kennzahlen festhalten. Derartige Kennzahlen können bspw.

    o Ihr stationärer Umsatz in einem bestimmten Zeitraum (z.B. Jahresumsatz),

    o Ihr E- Commerce- Umsatz in einem bestimmten Zeitraum (z.B. Jahresumsatz),

    o ...

    sein.

2. Definition Zielsetzung

Bei dieser Definition ist es wichtig, immer einen Zeitrahmen vorzugeben. Innerhalb dieses Zeitrahmens soll nun bspw.

   o Ihr stationärer Umsatz um ... Euro steigen.

   o Ihr E- Commerce- Umsatz um ... Euro steigen.

   o ...

3. Messung Aktivitäten

Um nun das Zahlenmaterial zu ermitteln, die Erwähnungen zu verfolgen und/oder die Veränderungen in der Reichweite zu messen, d.h. all das zu ermitteln, was Sie zur Überprüfung der unter 2. definierten Ziele benötigen, gibt es – zumindest was die „Online"- Größen ausmacht – im Internet mehrere „Monitoring"- Tools.

*Exkurs „Monitoring":*

*Mit Social- Media- Monitoring ist die Beobachtung von Diskussionen und Meinungsbildung im Social Web gemeint. Web- Monitoring befasst sich wiederum mit der Erhebung und Analyse von Daten, die sich aus dem Kommunikationsverhalten der User im Internet ergeben. Social- Media- Monitoring ist somit eine spezielle Form des Web- Monitorings.*

*Die Zielsetzung des Social- Media- Monitorings besteht darin herauszufinden, wo und wie über Ihr Unternehmen gesprochen wird. Es umfasst insbes. die Beobachtung und Auswertung von Inhalten*

   o *in Diskussionsforen,*

   o *in sozialen Netzwerken,*

   o *in Weblogs,*

   o *auf Empfehlungs- und Bewertungsplattformen*

*sowie die Beobachtung von Leserkommentaren zu Beiträgen in Online- Medien.*

Da das Web und die sozialen Netzwerke groß sind, wäre es nahezu unmöglich, manuell nach einzelnen Beiträgen über Ihr Unternehmen, Ihre Marke(n) und/oder Ihre Produkte zu suchen. Deshalb sollten Sie „Tools" einsetzen, die derartige Auswertungen automatisiert übernehmen.

Durch ein effektives Monitoring ist Ihr Unternehmen dazu in der Lage, zeitnah und vor allem kontinuierlich soziale Netzwerke zu beobachten und auszuwerten. So erfahren Sie, über welche Ihrer Produkte und/oder Dienstleistungen die Nutzer sprechen und vor allem, auf welchen Plattformen sie es tun. Durch Verwendung derartiger Tools können Emotionen und Kundenwünsche analysiert und Wettbewerbsvorteile identifiziert werden. Das Monitoring funktioniert aber auch als Frühwarnsystem, das es der Unternehmensleitung ermöglicht, rasch und direkt auf Probleme und Verbesserungswünsche einzugehen.

Zu bedenken ist, dass die Fundstellen im Web nicht statisch sind. Deshalb sind nicht nur die reinen Inhalte zu sammeln, sondern auch damit verbundene Informationen festzuhalten:

o Zeitpunkt, ab wann der Inhalt öffentlich war,

o Dauer der Veröffentlichung,

o Verfasser des Inhaltes,

o Weitere Inhalte dieses Verfassers,

o Bewertung des Inhaltes durch andere User,

o Kommentare zu diesem Inhalt,

o „Links" und „Shares" zu diesem Inhalt.

Bei der Auswahl der für Ihr Unternehmen geeigneten Tools sind im Vorfeld einige Fragen zu klären: So benötigt ein internationaler Konzern ein wesentlich detailliertes Monitoring als ein Handwerksunternehmen. Am Markt sind zudem Tools erhältlich, deren Datenbasis mehrere Jahre zurückreicht. So lassen sich auch Entwicklungen, bspw. ab einem bestimmten Startpunkt, verfolgen. Zusätzlich gibt es bei der Art der eigentlichen Suchanfrage Unterschiede. So erlauben es einige Programme, Suchanfragen zu filtern. Zu beachten ist ferner, *dass das Tool die Analyse auch für den gewünschten Sprachraum durchführen sollte.*

*Ich empfehle Ihnen, zunächst mit kostenlosen Tools einzusteigen. Im Wesentlichen handelt es sich dabei um Tools, die von den Betreibern der jeweiligen Social- Media- Plattformen oder aber von Suchmaschinenanbietern zur Verfügung gestellt werden. Nachfolgend eine kurze Übersicht dieser Tools (beachten Sie bitte, dass oftmals eine Gratis- Basisversion angeboten wird, darüber hinausgehende Funktionen dann ggf. kostenpflichtig sind):*

o *Google Alerts: Web*

*Google Alerts, ein Tool von Google, benachrichtigt Sie automatisiert via E-Mail, wenn Ihr Unternehmen, dessen Geschäftsführer, Ihre Marke, Ihre Produkte, Ihre Werbeslogans – aber auch Mitbewerber oder Branchen – im Web erwähnt werden. Sie selbst geben unter http://www.google.de/alerts bestimmte Suchbegriffe ein und werden dann automatisch informiert, wenn diese Begriffe irgendwo im Internet auftauchen. Dabei können Sie einen oder mehrere Alerts einrichten.*

*Google durchsucht bspw. Nachrichtenartikel, Blogs, Foren, Groups etc.*

*Die Hauptschwäche von Google Alerts (aber auch einigen anderen Tools) besteht m.E. darin, dass bei geschlossenen Netzwerken (wie z. B. XING) nur öffentliche Posts und Diskussionen „gescannt" werden können. Ein weiteres Problem besteht darin, dass Google Alerts bei bestimmten Einstellungen zu „breit streut".*

*Die große Stärke besteht im Monitoring von Blogs und Foren. Mit Google Alerts können Themen verfolgt werden, um beispielsweise Stellung beziehen zu können, wenn irgendwo im Internet eine Diskussion aufkommt. Die Häufigkeit der Reports können Sie dabei (Stand: Januar 2014) auf „täglich", „wöchentlich" oder „Benachrichtigung bei Veröffentlichung" einstellen.*

- *Google Analytics: Web, Facebook, Twitter ...*

  *Hierbei handelt es sich um das umfangreichste kostenlose Tool. Der Dienst untersucht u. a. die Herkunft von Besuchern, ihre Verweildauer auf einzelnen Seiten sowie die Nutzung von Suchmaschinen und erlaubt dadurch eine Erfolgskontrolle von Werbekampagnen. So können bspw. Verkäufe nachvollzogen werden, die über Besucher aus bestimmten sozialen Netzwerken kamen. Die Anzahl der Zugriffe, Verweildauer und Absprungrate sind interessante Daten, die mit dem Tool – je nach Zugriffsquelle – gewonnen werden können.*

  *Datenschutzrechtlich ist Google Analytics umstritten. Google kann mit diesem Analysewerkzeug nämlich in bestimmten Fällen ein umfassendes Benutzerprofil von Besuchern einer Website anlegen.*

  *Deshalb zwei wichtige Tipps: Einerseits gibt Herr Rechtsanwalt Thomas Schwenke unter*

  *http://rechtsanwalt-schwenke.de/google-analytics-rechtssicher-nutzen-anleitung-fuer-webmaster*

  *Hinweise zum rechtssicheren Umgang mit Google Analytics. Andererseits sollte Ihr Unternehmen darüber nachdenken, einen schriftlichen Vertrag zur Auftragsdatenverarbeitung mit Google abzuschließen – und zwar auf dem Postwege! Sie finden den Vertrag unter*

  *http://www.google.de/analytics/terms/de.html*

- *Topsy: Facebook, Twitter, Blogs, Bilder, Videos ...*

  *Topsy (http://topsy.com) analysiert Social- Media-Postings nach Wörtern, URLs und Usern. Man kann es für Twitter, Facebook etc. nutzen. Hierfür stellt man unter "Advanced Search" und anschließend unter "Search within a site or domain" zum Beispiel „facebook.com" ein. Oder man schaut sich alle Tweets mit Links zu einer Website anschauen.*

o *Meltwater IceRocket: Facebook, Twitter, Blogs, Bilder ...*

*Mit IceRocket (www.icerocket.com) können Sie mehrere Plattformen im Web (z.B. Blogs, Twitter, Facebook und Bilder) einzeln oder gleichzeitig nach bestimmten Keywords durchsuchen. Dabei können Sprache und Zeitraum gewählt werden. Die Daten lassen sich auch als RSS-Feed erzeugen, so dass Sie diese Informationen bequem im Feedreader integrieren können.*

*Die Stärke von IceRocket liegt im Bereich des Echtzeit-Webs und der Aktualität der Suchergebnisse.*

o *Socialyser: Facebook, Twitter*

*Analysiert, wie viele Tweets, Facebook Likes, Facebook-Kommentare etc. eine Seite oder alle Seiten einer Website erhalten hat/haben (http://socialyser.de)*

o *Facebook Insights: Facebook*

*Bei Facebook Insights handelt es sich um ein Tool, das – durchaus umfangreiche – Statistiken und Kennzahlen der eigenen Facebook- Profile liefert. Unter (https://www.facebook.com/insights) können Unternehmer sehen,*

- *welcher Beitrag die meisten Kommentare, „Likes" und Impressionen bekommen hat,*

- *woher die „Fans" kommen,*

- *welches Geschlecht und Alter „Fans" aufweisen.*

*Zusätzlich zu diesen „einfachen" Zahlen stellt Facebook Insights verschiedene grafische Darstellungsformen und weitere Detail- Informationen zu einer eine Facebook-Seite bereit.*

o *Twittercounter: Twitter*

*Bei Twittercounter (http://twittercounter.com) handelt es sich um eine Fremdapplikation von Twitter, deren Name von Twitter lizenziert wurde.*

*Das Tool bietet verschiedene Analysemöglichkeiten für das eigene und fremde Twitter- Userprofile – auch mit grafischen Auswertungen. Mit Twittercounter kann insbes. der Verlauf der Follower – auch im Vergleich zu Mitbewerbern – dargestellt werden.*

*Twittercounter trifft anhand verschiedener Parameter (bspw. Follower, Following und Tweets) Aussagen über die Popularität eines Twitter-Profils und generiert auf dieser Basis Profilentwicklungsprognosen.*

o *Backtweets: Twitter*

*Backtweets (http://backtweets.com) analysiert die Twitter-Präsenz eines Accounts wie zum Beispiel Tweets, Follower etc.*

*Herausragend ist die Funktion, mit der man verfolgen kann, wie oft ein Link von wem getwittert wurde.*

*Da nicht jeder Twitter- Client alle (organischen) Retweets sichtbar macht, hilft dieses Tool um die Reichweite eines getwitterten Links zu veranschaulichen.*

o *Google Blogsearch: Blogs*

*Dieses unter http://www.google.de/blogsearch frei zugängliche Tool durchsucht Blogs nach relevanten Einträgen.*

o *Omgili: Foren*

*Wenn Sie Foren nach bestimmten Keywords durchsuchen möchten, so ist Omgili das richtige Tool. Sie finden Omgili unter http://omgili.com.*

*Omgili bietet Ihnen Einstellmöglichkeiten zum Zeitrahmen des Beitrages. Den Ergebnissen können Sie u. a. die Anzahl an Antworten und*

*Diskussionsteilnehmern entnehmen.*

o *Bit.ly: Links*

*In Kapital 4.3 hatte ich Ihnen den Link- Verkürzer Bit.ly (https://bitly.com) vorgestellt. Dieser bietet nicht nur die Möglichkeit, Links sinnvoll zu kürzen, sondern spätere Klicks auf diesen Link zu „tracken".*

*Auch wenn die Anzahl der Klicks von diversen Faktoren abhängt (Tageszeit, "Konkurrenz" zu anderen Themen, Formulierung), geben sie Aufschluss über das Interesse an einem Link.*

*Es gibt etliche kostenlose Tools, die Sie für das Social- Media- Monitoring einsetzen können. Viele dieser Tools bieten Ihnen allerdings nur Grundinformationen. Bei einigen muss man sich zudem registrieren. Wem also zunächst Basis- Informationen ausreichen, der kommt mit kostenlosen Monitoring- Tools aus. Wer mehr wissen möchte, muss entweder Zeit investieren, um die Informationen aus den verschiedenen Tools zusammenzutragen oder ein kostenpflichtiges Tool kaufen.*

*An dieser Stelle nochmals der Hinweis: Viele Daten, Kurven, Indizes etc. sind alleinstehend wenig aussagekräftig. Sie sollten diese Daten mit Referenzdaten vor der Maßnahme – alternativ über einen längeren Zeitraum – vergleichen.*

*Praxistipp: Achten Sie auch darauf, zu welchen Zeitpunkten innerhalb eines gewissen Zeitraums die Besucheraktivität auf Ihren Plattformen zunimmt.*

4. Daten nutzbar machen

Versuchen Sie, über die rein quantitative Bestandsaufnahme hinaus, Trends und Korrelationen zu identifizieren. Ihr Online-Shop weist während einer zweiwöchigen Facebook- Kampagne höhere Besucher- und Verkaufszahlen auf? Dann ist das ein Hinweis darauf, dass Ihnen diese Kampagne „genutzt" hat, d.h. die Kampagne hat sich für Sie rentiert. In der Literatur wird dieses Vorgehen so (oder ähnlich) schematisiert:

*Investition>Aktion>Reaktion>Allgemeiner Erfolg>Finanzieller Erfolg*

Der oben erläuterte ROI ist in diesem Fall als „finanzieller Erfolg" tatsächlich eindeutig messbar. Der Vorlauf („Ursache") reicht in diesem Beispiel von der „Investition" bis zum „allgemeinen Erfolg". Bei dem „Finanziellen Erfolg" handelt es sich dann um die angestrebte Wirkung.

Verfolgen Sie parallel mehrere Aktivitäten, so kann es schwierig(er) sein, Erfolge („Wirkungen") einzelnen Maßnahmen („Ursachen") zuzuordnen. In diesen Fällen ist es unabdingbar, Ihre Maßnahmen und deren Auswirkungen detailliert aufzugliedern.

Nach diesem einfachen Modell muss im nächsten Schritt eine weitere grundsätzliche Frage aufgeworfen werden: Kann man den Erfolg im Social Web wirklich rein quantitativ messen?

Natürlich gibt es eine Unmenge an Tools, die Ihnen zahlreiche Daten liefern. Aber was bedeuten diese Daten eigentlich? Was sagen sie aus?

Nachdem ich unter 1.-4. veranschaulicht habe, wie man den ROI quantitativ bestimmen kann, soll nun in den folgenden Absätzen dargelegt werden, wie im Social- Media- Marketing qualitativer Erfolg gemessen werden kann. Das eigentliche Problem besteht nämlich darin, dass sich – da es in den sozialen Netzwerken in hohem Maße auch um „weiche" Erfolgsfaktoren wie Gespräche und Meinungs- bzw. Informationsaustausch geht – vorrangig die Frage nach der Relevanz bestimmter Beiträge stellt. Nicht alles, was zählt, kann gezählt werden … Ein ROI kann eben nicht immer direkt abgeleitet werden. Die Nachvollziehbarkeit zwischen Ursache und Wirkung, zwischen den „nackten" Zahlen und woher sie kommen, ist oft gerade nicht eindeutig.

*Exkurs: In der Social- Media- Praxis hat dies zwischenzeitlich dazu geführt, dass neue Modelle entwickelt wurden, die auch das qualitative Engagement eines Users berücksichtigen. Dazu wurde eine neue Größe, der sog. „Return on Engagement" (ROE), definiert. Ein Beispiel: In einem mehrstufigen Modell gibt es verschiedene Stufen des Social- Media- Engagements, die vom reinen Zuhören bis hin zum aktiven Betreiben eigener Social- Media- Plattformen reichen. Dazwischen liegen diverse Abstufungen.*

Um nun auch qualitative Maßstäbe einbeziehen zu können, im nächsten Schritt eine Erweiterung des obigen Modells:

Auch hier ist zunächst zwingend der sog. Ist- Zustand zu dokumentieren.

So könnte bspw. beschrieben werden, wo sich Ihr Unternehmen gerade befindet, welche Vorkenntnisse im Social- Media- Marketing vorhanden sind und wie bzw. ob Ihr Unternehmen bereits auf bestimmten Plattformen aktiv ist. Nochmals: Das Messen von Erfolgen gelingt nur dann, wenn als Ausgangspunkt bestimmte Ziele definiert wurden. Daher gilt es, im Zuge der Konzeption und Strategieentwicklung Richtwerte festzulegen, die dem Leitbild des Unternehmens entsprechen. *Im Marketing hat sich dabei die SMARTe („specific", „measurable", „attainable", „realistic", „timely") Zieldefinition durchgesetzt.*

Um nun Aktivitäten zu messen, sollten auf Basis der Ziele mehrere verschiedene quantitative und qualitative Kennzahlen definiert werden. Man spricht in diesem Zusammenhang von „Key Performance Indicators" (KPIs). Den für Ihr eigenes Unternehmen wichtigen Messgrößen sollte dabei individuell eine stärkere Gewichtung gegeben werden. Darüber hinaus sollen diese Kennzahlen aber nicht nur zur Messung des Erfolges einer Plattform dienen, sondern zusätzlich dazu beitragen, einen Vergleich mit anderen Marketing- Maßnahmen aufzustellen.

Im Anschluss ist ein direkter Vergleich der eingesetzten Mittel im Verhältnis zu den erreichten Zielen möglich.

Zusammengefasst: Im Rahmen einer Social- Media- Strategie werden zunächst klare Zielvorgaben benötigt, um Messwerte definieren zu können, die dann zueinander in Relation gesetzt werden, um sog. KPIs *(„Key Performance Indicators")* ableiten zu können.

Wie bereits angedeutet, macht es keinen Sinn, schlichtweg nur Messwerte sammeln.

So ist – noch bevor KPIs für die Erfolgsmessung abgeleitet werden können – zunächst die Frage zu stellen, wie Erfolg hinsichtlich der gesetzten Ziele definiert wird. Auch Gewichtungen sind zu berücksichtigen.

Die folgende Liste enthält die gängigsten KPIs:

- **Messung der Reichweite und des Dialogs:**

    o *Die direkte Reichweite gibt an, wie viele User direkt erreicht werden bzw. erreicht worden sind. Dieser Wert lässt sich meist den plattformeigenen Tools entnehmen. Zu bedenken ist dabei, dass jeder der erreichten User wiederum mit anderen Usern vernetzt ist, die selbst vielleicht gar keinen direkten Kontakt zum Unternehmen haben. Die „Freunde" dieser User sehen, wenn einer Person, mit der sie vernetzt sind, etwas gefällt oder bspw. ein Beitrag geteilt wird. Das erhöht die Reichweite.*

o Das sog. „Buzz- Volumen" beschreibt die Zahl der Erwähnungen in einem festgelegten Zeitraum. Durch entsprechendes Benchmarking können Aussagen über die Entwicklung getroffen werden (z.B. „Steigerung innerhalb der letzten 6 Monate um 7%").

o Der sog. „Share of Voice" stellt das Verhältnis von Erwähnungen der eigenen Marke zu allen Erwähnungen (inklusive der Konkurrenz) dar. *Hinter „Share of Voice" verbirgt sich das Teilen eines Beitrages. Gefällt einem User, was er liest, dann teilt er dies mit seinen „Freunden". So kann jeder User zum Multiplikator werden. Daran kann man erkennen, dass nicht allein die Zahl der User etwas aussagt, sondern auch deren Qualität. Es hilft also nichts, wenn man sich „Fans" kauft ... Diesem Parameter sollte man hohe Aufmerksamkeit schenken, wenn weitere Fans hinzugewonnen werden sollen – zumal sich hinter jedem geteilten Beitrag ein zufriedener „Fan" verbirgt.*

o „Audience Engagement" oder Zielgruppen- Engagement bezeichnet die Anzahl der Kommentare, „Likes" etc. im Vergleich zur Reichweite (Anzahl der „Views"). *Wird auf irgendeine Art und Weise auf neue Beiträge reagiert? „Teilen", Kommentare etc. sind Teil der Kommunikation und damit Interaktion. Findet jedoch niemand Interesse an Ihrem Beitrag, so wird er nicht geteilt und/oder kommentiert. Letztendlich wird auch nicht über ihn gesprochen. Derartige Inhalte sollten natürlich überprüft werden. Eine Auswertung der Interaktion ermöglicht dem Admin herauszufinden, welche Interessen die eigentliche Zielgruppe hat.*

- **Messung des Involvements / User Engagement:**

  o Die Kennzahl „Active Advocates" beschreibt die Zahl der aktiven Markenbotschafter (der letzten X Tage) im Verhältnis zu der Summe aller Markenbotschafter. *Als „Advocates" werden im Marketing Personen bezeichnet, die eine „anwaltschaftliche Position" gegenüber einem bestimmten Produkt oder einer bestimmten Marke einnehmen und diese im Zweifelsfall gegenüber anderen Personen verteidigen. (Advocate = engl.: Anwalt/Fürsprecher). „Active Advocates" tun dies aktiv im Social Web.*

  o Der sog. „Advocate Influence" berechnet sich aus dem einmaligen Einfluss von Marken- „Fans" im Verhältnis zur Summe aller Einflüsse von Markenfans.

  o Alternativ kann auch der sog. „Advocacy Impact" berechnet werden, indem die Anzahl der von Marken- „Fans" initiierten Diskussionen ins Verhältnis zur Summe aller Marken- „Fans" gesetzt wird.

- **Messung der Servicequalität:**

  o Die „Issue Resolution Rate" *(Issue = engl.: „Problem")* bezeichnet die Anzahl der erfolgreich gelösten Kundenanfragen im Vergleich zu allen Anfragen.

  o Die sog. „Issue Resolution Time" bezeichnet die Bearbeitungsdauer einer Kundenanfrage im Verhältnis zur Summe aller Anfragen.

  o Der „Satisfaction Score" *(deutsch: Zufriedenheitsrate)*, ist eine Kennzahl, die sich aus dem Vergleich zufriedener Kunden zur Gesamtzahl der Kunden ergibt.

  o „Sentiment" *(Tonalität)* bezeichnet die relative Stimmung im Hinblick auf das eigene Unternehmen, dessen Produkt(e) und/ oder Dienstleistungen und errechnet sich aus den positiven, neutralen oder negativen Erwähnungen im Verhältnis zur Summe aller Erwähnungen. *Die Stimmung kann sich in sozialen Netzwerken rasch ändern und sollte deshalb immer im Auge behalten werden. So wird in Kommentaren gern und häufig Kritik geübt. Stimmungen können durch eine Kategorisierung „positiv", „negativ" und „neutral" bewertet werden. So gelingt es, die Tonalität der Beiträge effektiv einzufangen. Sollten Sie eine schlechte Stimmung bemerken, so sollten Sie umgehend Gegenmaßnahmen einleiten. Beobachten Sie vorrangig Beiträge, die oftmals geteilt und kommentiert wurden.*

In Kapitel 4 hatte ich Ihnen verschiedene Social- Media- Plattformen vorgestellt. Der nächste Schritt besteht nun darin, für die jeweilige Plattform Kennzahlen anzugeben, die zur Erfolgsmessung herangezogen werden können. Dazu – ohne Anspruch auf Vollständigkeit – einige Beispiele:

- Blog

    o Anzahl der Besucher pro definiertem Zeitraum,

    o Anzahl der Links zum eigenen Blog (Ist- Stand und Zuwachs pro definiertem Zeitraum),

    o Anzahl der RSS- Abonnenten,

    o Anzahl der Kommentare pro Beitrag,

    o …

- Twitter

    o Anzahl der Follower,

    o Anzahl der Retweets,

    o Anzahl der Erwähnung des Unternehmens in den Tweets anderer Nutzer,

    o …

- Facebook

    o Anzahl der „Fans" einer Seite,

    o Anzahl der Seitenaufrufe,

    o Anzahl der hinterlassenen Kommentare pro Beitrag,

- o Daten zur Demographie der erreichten Zielgruppe,

  o ...

- YouTube

  o Anzahl der Views,

  o Anzahl der Bewertungen,

  o Anzahl der Kommentare,

  o ...

Nun könnte eine kombinierte Auswertung der Kriterien hinsichtlich Quantität und Qualität vorgenommen werden.

Nachfolgend ein kleines Beispiel:

1. Zielsetzung: Steigerung der mittels Social Media gelösten Kundenanfragen.

2. Messwert: Zahl der gelösten Kundenanfragen im Zeitraum X (Y als Vergleichswert).

3. Kennzahl: Anzahl der gelösten Kundenanfragen im Zeitraum X im Vergleich zur Anzahl gelöster Kundenanfragen im Zeitraum Y

4. KPI: Steigerung der mittels Social Media gelösten Kundenanfragen um 10%.

Bedenken Sie bitte nochmals, dass Social Media mehr ist als eine reine Messung der Reichweite. Es geht vielmehr darum, wer wen beeinflusst, um Vernetzungsgrade, Stimmungsanalysen etc.

Zum Abschluss: Die Vorgehensweise der Erfolgsmessung im Social Web unterscheidet sich nicht so sehr von anderen Erfolgsmessungen. So erfolgt zu Beginn die Zieldefinition, danach werden Maßnahmen entwickelt sowie entsprechende Messinstrumente ausgewählt. Nach der Durchführung der Maßnahmen wird dann die Bewertung und Optimierung vorgenommen.

Die besondere Schwierigkeit liegt jedoch darin begründet, dass sich der eigentliche „Return" des Social- Media- Investments nur schwerlich kurzfristig messen lässt. Eine Umwandlung der Zielgruppe in Kunden geschieht nicht in sozialen Netzwerken, sondern – wenn überhaupt – allenfalls auf der eigenen Unternehmens- Website.

Deshalb handelt es sich bei Social Media um eine mittelfristige Investition in Inhalte, Kundenkontakte und Netzwerke.

# 6. Resümee und Ausblick

Liebe Leserinnen und Leser,

mein Anliegen bestand darin, Ihnen Mittel und Wege aufzuzeigen, wie Sie Ihre geschäftliche Präsenz in sozialen Netzwerken sinnvoll und durchdacht aufbauen.

Aus meiner eigenen beruflichen Praxis ist mir bewusst, dass Ihnen als mittelständischen Unternehmern, Handwerkern und Freiberuflern kein 500- Seiten- Buch zuzumuten ist. Deshalb war und ist es mein Bestreben, Ihnen kurz, bündig und sachlich bei Ihren ersten Schritten zu helfen.

Die meisten Fragestellungen dieses Buches beruhen auf Social- Media- Lehrveranstaltungen, die ich an Bildungseinrichtungen gegeben habe.

Aufgrund meiner Erfahrungen an diesen Instituten habe ich Ihnen zur eigentlichen Einrichtung der „Accounts" bei den einzelnen Plattformen bewusst keine explizit ausgearbeiteten Schritt- für- Schritt- Anleitungen inklusive Bildschirmfotos geben wollen. Die bisherigen Teilnehmer verfügten über genug Grundkenntnisse, um derartige „Accounts" allein anlegen zu können. Des Weiteren modifizieren die Betreiber ihre Oberflächen ständig, so dass eine derartige Anleitung schon nach wenigen Monaten obsolet wäre.

Ich hoffe jedoch, dass die eigentlichen Inhalte bei Ihnen angekommen sind.

Ganz wichtig: Wenn Sie kein Interesse für Social Media aufbringen können oder Ihnen Social Media als „lästige Pflichtaufgabe" erscheint, so sollten Sie auch keine umfangreiche Social- Media- Kampagne starten. Zu Social Media gehört eine Menge Aufbauarbeit und noch viel mehr Spaß, die Präsenzen auch zu pflegen.

Zusammengefasst nochmals die Strategie(n):

1. Setzen Sie sich die richtigen Ziele,

2. Hören Sie bei Konversationen genau zu,

3. Informieren Sie Ihre Mitarbeiter über die bevorstehenden Kampagne(n), bevor Sie an die Öffentlichkeit gehen („Intern vor

Extern"),

4. Etablieren Sie Ihre eigene Unternehmensstimme,

5. Bieten Sie kompetente Inhalte,

6. Führen Sie Dialoge und keine Monologe,

7. Finden Sie „Multiplikatoren",

8. Messen Sie Ihre Resultate.

*Am Rande: Wenn Sie im Web an Konversationen teilnehmen, so sollte Ihre Stimme im Hinblick auf Ihre Zielgruppe über „Gewicht" verfügen. Dieses „Gewicht" können Sie wie folgt mathematisch berechnen: Setzen Sie die Anzahl Ihrer Beiträge zu einem bestimmten Thema ins Verhältnis zu den Gesamtbeiträgen zu diesem Thema. Praxistipp: Nutzen Sie dazu die Suchfunktion einer Plattform. Diese Suchfunktion sollte auch die Gesamtanzahl an Treffern auswerfen. Sie erhöhen Ihr „Gewicht", indem Sie häufiger an Gesprächen teilnehmen. Im Ergebnis werden Sie als Experte wahrgenommen, sorgen für Popularität und bauen – bezogen auf Ihre Zielgruppe – Vertrauen auf.*

Versetzen Sie sich immer in Ihre Kunden hinein und betrachten Sie die Sachverhalte stets aus der Perspektive Ihrer Kunden. So interessieren Ihre (potenziellen) Kunden eventuelle interne Schwierigkeiten innerhalb Ihres Unternehmens nicht. Richten Sie deshalb Ihre Organisation und deren Prozesse konsequent auf Ihre Kunden aus.

Bauen Sie Geschichten rund um Ihre Produkte und/oder Dienstleistungen auf, denn nüchterne Fakten werden im Web 2.0 kaum weitergegeben.

Das Zusammenspiel bzw. die Kombination dieser „Geschichten" macht eine Social- Media- Kampagne erst wirksam. Erzeugen Sie deshalb hochwertige Inhalte und multiplizieren Sie diese dann. Ein Beispiel:

- Veröffentlichen Sie einen hochwertigen Artikel auf Ihrer Website.

- Duplizieren Sie den Beitrag in einen Blog hinein.

- Verlinken Sie von Website und Blog auf Ihre Facebook-, Twitter- und XING- Präsenzen.

- Binden Sie wiederum die Reaktionen bei Facebook,- Twitter- und XING in Ihre Website ein.

Nichtsdestotrotz sollte Ihr Ziel nicht darin bestehen, alle Social- Media-Plattformen „bespielen" zu wollen. Überlegen Sie stattdessen, welche Plattform am besten zu Ihrem Unternehmen und dessen Zielgruppe passt. Identifizieren Sie die Plattform(en), auf denen Sie Ihre (potenziellen) Kunden finden!

Zum Abschluss:

- M.E. sollte gerade für kleine und mittelständische Unternehmen, Handwerksbetriebe und Freiberufler (mit ihren begrenzten Ressourcen) gelten: Nicht die Anzahl der Seitenaufrufe, nicht die Besucherzahlen ihrer Web- Präsenzen sind entscheidend, sondern die Erreichung ihrer Unternehmens- und Geschäftsziele!

- Beachten Sie stets, dass durch Ihr Engagement in verschiedenen sozialen Netzwerken der Dialog und die Interaktion mit Ihren potenziellen Kunden gefördert und zu bestehenden Kunden eine engere Bindung aufgebaut wird.

- Wie im „normalen" Leben sollten sie sich Zeit nehmen, um eine vertrauensvolle Beziehung zu Ihrem Gegenüber aufzubauen. Stellen Sie deshalb den schnellen Verkaufserfolg nicht an die oberste Stelle Ihrer Bemühungen. *Am Rande: In 2013 wiesen mehrere Studien darauf hin, dass Social- Media- Plattformen sich zwar als Marketinginstrument eigneten – jedoch als Verkaufskanal weniger geeignet schienen.*

- Nutzen Sie das Social Web nicht nur zum Verkaufen Ihrer Produkten und Dienstleistungen. Bauen Sie die Inhalte vielmehr dergestalt auf, dass sie zum Engagement und zur Teilnahme motivieren.

- Zeigen Sie das Gesicht Ihres Unternehmens! Seien Sie menschlich und greifbar. Wecken Sie Emotionen!

- Hören Sie zu! Nur so werden Sie Stimmungen wahrnehmen und darauf reagieren können.

- Im Umgang mit Social Media sind Offenheit, Aufrichtigkeit und Transparenz entscheidend.

- Je mehr Sie sich auf den Aufbau Ihres Netzwerks konzentrieren, desto größer wird auch die Reichweite Ihrer Nachrichten – selbst dann, wenn es manchmal ein klein wenig länger dauert ...

Ich hoffe, Sie hatten bei unserem kleinen Rundgang durch die sozialen Medien Spaß und können das eine oder andere für Ihr Unternehmen umsetzen. Dabei wünsche ich Ihnen viel Erfolg.

Aber Social Media bieten noch viel mehr Möglichkeiten: Zum Beispiel könnten Sie ein sog. Wiki auf Ihrer Unternehmens- Website installieren, um Produktinformationen zusammenzustellen. Dies würde auch Ihren Kundendienst entlasten. Lassen Sie dort auch Ihre Kunden Informationen ergänzen. Wenn in Ihrem Unternehmen interessante Präsentationen gestaltet werden, so könnte dies ein guter Anlass sein, um diese bei „SlideShare" zu veröffentlichen. Bei diesem Sharing- Portal für Präsentationen handelt es sich um einen – wie ich finde – großartigen Ort für Lerninteressierte. Präsentationen werden von interessiertem Fachpublikum gerne aufgerufen, was insbes. für das B2B- Marketing wichtig ist. Ihre SlideShare- Präsentationen könnten Sie wiederum mit Ihren anderen Plattformen vernetzen.

Nun noch meine Bitte: Geben Sie mir Feedback, indem Sie bspw. eine Rezension bei Amazon oder Ciao veröffentlichen. Besprechen Sie das Buch in Ihrem Blog. Verlinken Sie sehr gerne auf dieses Buch.

Hinterlassen Sie mir einen Kommentar auf Facebook, Twitter oder XING. Sie werden mich dort finden ...

Ich freue mich auf einen konstruktiven Austausch mit Ihnen!

Ihr Alexander Sprick

Über den Autor

Alexander Sprick, Jahrgang 1973, absolvierte nach Abitur und Berufsausbildung ein Studium der Wirtschaftswissenschaften mit Schwerpunkten „Marketing" und „Steuerwesen". Von 2001 bis 2007 war er in verschiedenen Positionen für Wirtschaftsprüfungs- und Beratungsgesellschaften, darunter die beiden internationalen Häuser Arthur Andersen und KPMG, tätig. Im Anschluss daran übernahm er bei zwei mittelständischen Unternehmen Führungspositionen. Seit Anfang 2013 ist Sprick Inhaber einer eigenen Unternehmens- und Personalberatung. Daneben unterrichtet er an mehreren Bildungseinrichtungen. Sprick hat bislang vier Fachbücher und drei Fachbeiträge verfasst.

www.alexander-sprick.de

www.ingramcontent.com/pod-product-compliance
Lightning Source LLC
Chambersburg PA
CBHW071203050326
40689CB00011B/2225